TERROR GLOBAL

TERROR GLOBAL

Lucas F. Martín Serrano

Autor: Lucas F. Martín Serrano

Diseño de cubierta: Lucas F. Martín Serrano

ISBN: 9798374515411

© <lucas martin serrano>

INTRODUCCIÓN

El comienzo del siglo XXI estuvo marcado por el mayor ataque terrorista de la historia de la humanidad. Y ese ataque provocó una serie de reacciones que poco a poco han ido transformando el mundo en que vivimos. Sus efectos cambiaron para siempre desde algunas facetas de nuestra vida cotidiana hasta las relaciones internacionales y los balances de poder en el mundo.

Si se echa la mirada atrás en la historia descubrimos que el hombre ha estado conviviendo con el fenómeno terrorista desde hace siglos. Un fenómeno que ha ido evolucionando, adoptando diversas formas, pero que, a pesar de su permanencia en el tiempo, aun hoy en día no se ha logrado un mínimo consenso en torno al mismo. Ni siquiera se ha logrado acuñar una definición común para designarlo.

Casi todos los países del mundo han sufrido en alguna ocasión el zarpazo de este fenómeno, y muchos de ellos han convivido y aun conviven con la amenaza del terrorismo dentro de sus fronteras.

Durante varios años he escrito diversos artículos relacionados con el terrorismo, bien sea exponiendo la actividad de ciertos grupos o tratando generalidades del fenómeno.

Durante ese periodo, además he participado como conferenciante sobre el tema en varios foros, lo cual me ha creado la necesidad de ir profundizando cada vez más en este.

Así mismo, mi participación como profesor en un Diploma de Experto Universitario convocado por la Universidad

Internacional de Andalucía (UNIA) me llevó a estudiar más en profundidad los orígenes y a evolución del fenómeno terrorista a lo largo de la historia.

Por ello, y después de la publicación de "Visión Global: Un mundo en constante evolución", surgió la idea de escribir este libro dedicado en exclusiva al fenómeno terrorista, reuniendo la parte más teórica y didáctica y diversos trabajos y artículos publicados durante los últimos años.

El resultado ha sido este libro, estructurado en dos partes. En la primera se hace una exposición teórica del fenómeno recopilando ideas, propuestas y teorías de diversos autores, así como un recorrido histórico por la evolución del fenómeno y los principales grupos terroristas a lo largo de la historia.

La segunda parte es un breve compendio de artículos y trabajos publicados desde 2015. Estos trabajos servirán de ayuda al lector para observar en hechos reales y prácticos parte de lo expuesto en la primera parte.

Del mismo modo serán de utilidad para comprender el momento actual del fenómeno, situar este en el contexto actual y para descubrir que hay elementos comunes que no han variado a lo largo de la historia, lo cual pone de relieve la importancia de conocer esta para poder enfrentar las amenazas actuales.

INDICE

1ª PARTE

1. ANTECEDENTES HISTÓRICOS

Orígenes

El primer grupo terrorista del que se tiene conocimiento en la historia de la humanidad fue conocido como los "Sicarios Zelotes". Un grupo de asesinos y matones que surgen al amparo de unas fuertes convicciones religiosas. Estos grupos, especialmente los Zelotes, al igual que los conocidos como "Assasins" fueron los primeros en utilizar lo que hoy entendemos por métodos terroristas para conseguir fines políticos.

Durante el siglo I a.c. los sicarios Zelotes, grupo de religión judía practicaron profusamente el terrorismo contra la ocupación romana con consecuencias devastadoras. Su objetivo, lograr un levantamiento popular (veremos que este es un objetivo recurrente de los grupos terroristas a lo largo de la historia), llevó a la destrucción del segundo templo de Salomón en el año 70 y los llevó a la diáspora. A pesar de que fracasaron en su intento, los Zelotes fueron pioneros en el empleo del terrorismo para conseguir fines políticos concretos.

El segundo grupo que siguió los pasos de los Zelotes fue el de los llamados "Assasins" o "Ismailis-Nizari, que estuvieron activos desde el año 1090 al 1275.

Su objetivo, al igual que el de algunas organizaciones radicales actuales era imponer una visión purista del Islám (de nuevo se cumple la máxima que dice que la historia se repite). Su modus operandi era apuñalar a sus víctimas a plena luz del día lo que convertía sus posibilidades de escapar prácticamente en algo imposible. Consideraban su sacrificio una ofrenda a su causa (algo que hoy también nos suena familiar).

Sus víctimas eran políticos relevantes que se resistían a abrazar su visión de la religión. El grupo supuso una seria amenaza para los gobiernos de diversas naciones incluyendo el imperio Selyúdica en Persia y Siria.

Con posterioridad a estos momentos iniciales del fenómeno, el terrorismo político se ha clasificado en tres categorías: Terror revolucionario, terror subrevolucionario y terror represivo.

Desde mediados del siglo XVIII creció en Europa y posteriormente se expandió por el mundo una ideología revolucionaria muy popular.

Esta nueva ideología, ya de por sí muy atrayente, proporcionó una justificación para el "terror revolucionario" antes mencionado, convirtiéndolo en algo justo y legítimo. De ese modo el uso de la violencia quedaba legitimada en aras del bien común.

El terror revolucionario utiliza la política y la violencia terrorista para tratar de provocar una revolución o un cambio político. Este tipo de terror, según John Richard Thackrah[1] tiene cuatro atributos principales:

---

[1] **John Richard Thackrah**: 31 de enero de 1947. Durante más de treinta años se ha dedicado al estudio del fenómeno terrorista, siendo asesor especial e instructor de la

Es siempre un fenómeno grupal. No parte de un solo individuo.

La ideología revolucionaria es la justificación para el empleo de la violencia.

Tiene como finalidad establecer instituciones alternativas.

Sus líderes tienen gran carisma y la capacidad de movilizar a la opinión pública.

Un método útil para entender la evolución del terrorismo moderno atendiendo a su estrategia como resorte de la violencia revolucionaria es el concepto de "olas de terrorismo" teorizado por David Rapoport[2] (Las cuatro olas del Terrorismo). Podemos mencionar las dos más características, una es la que se produjo a finales del siglo XIX y comienzos del XX, la "ola anarquista", y otra a la que hace mención es la "ola anticolonial", que comienza con la aplicación del principio de autodeterminación como fenómeno violento en el periodo después de la primera Guerra Mundial hasta ser considerado un derecho legal después de la segunda Guerra Mundial.

Las tácticas empleadas en cada una de las olas mencionadas trataban de imitar las utilizadas por los Estados durante los conflictos armados, entre otros motivos porque soldados desmovilizados después de haber participado en la guerra, que regresaban a sus hogares con experiencia en combate eran en

---

policía británica al respecto. Entre sus obras están: *"Terrorismo y Guerra no convencional y Diccionario del Terrorismo"*.

[2] **David Rapoport**: 7 de enero de 1929. Profesor emérito de Ciencias Políticas en la Universidad de California, Los Ángeles especializado en el estudio del terrorismo. Autor del libro *"Olas del terrorismo global. De 1979 a la actualidad"*.

ocasiones los que pasaban a formar parte de los grupos terroristas. La teoría de las olas reflejaba que la aparición y caída de los grupos terroristas venía determinada cuando no eran capaces de inspirar a otros para continuar con su lucha, de lograr con sus métodos violentos contrapartidas a sus reivindicaciones o protestar de modo efectivo contra la falta de concesiones políticas. Este punto de la teoría pone de relieve que el terrorismo y sus motivaciones son claramente influenciados por las condiciones sociales, políticas y culturales y los cambios que se producen en estas.

Como contrapartida a la "teoría de las olas", Parker y Sitter (2016) plantean que la violencia terrorista se produce no tanto por olas u oleadas sucesivas sino porque los que deciden tomar el camino del terrorismo lo hacen movidos por cuatro razones diferenciadas según el objetivo de su esfuerzo: socialismo, nacionalismo, extremismo religioso o el sentimiento de exclusión.

Estas motivaciones subyacentes no son una secuencia cronológica a lo largo de la historia. Una puede dejar de ser el factor de motivación y aparecer otra, de hecho, pueden darse simultáneamente o en paralelo, y en ocasiones superponerse una sobre otra para animar a diferentes grupos según sus necesidades.

Estas teorías académicas forman parte de un discurso casi filosófico, y recuerdan a las discusiones y debates que aun hoy se sostienen cuando se trata de comprender o de categorizar a los diferentes grupos terroristas, pasados o presentes. Incluso aunque aparentemente para algunos están muy clara dicha categorización, cuando se estudia las raíces del fenómeno de un grupo concreto, sea cual sea, descubrimos que detrás hay toda una escala de grises que hace muy difícil concretar las verdaderas motivaciones.

El termino terrorismo se introdujo en Europa durante la revolución francesa de 1789. En los comienzos de la revolución los sucesivos gobiernos trataron de imponer mediante el uso de la violencia sus radicales nuevos postulados a una ciudadanía reticente a aceptarlos.

Como resultado de lo anterior, la palabra es recogida por primera vez por la Academia Francesa en 1789 para referirse al "sistema o ley del terror". Curiosamente el término nace para definir no la acción de grupos contrarios al poder o reivindicativos, sino para referirse al terror causado por gobiernos contra sus propios ciudadanos.

Los jacobinos fueron los que desarrollaron la idea de aplicar la máxima violencia contra las fuerzas del autoritarismo y el tradicionalismo.

Durante este periodo se instauró en Europa la idea de que el uso de la violencia física para cambiar el statu quo y conseguir instaurar un nuevo orden social o al menos iniciar los cambios que condujeran a este era algo más que legítimo, y ello dio al termino ciertas connotaciones positivas. Poco a poco el significado pasó a denotar lo que se vino en llamar "el reino del terror" y en ocasiones el "sistema del terror".

A lo largo de la historia, y como hemos visto en el apartado anterior, no se ha logrado un consenso sobre la relación entre los términos terror y terrorismo.

El más amplio mantiene el punto de vista de que el terror puede darse sin que aparezca el fenómeno del terrorismo, pero por el contrario el terrorismo no puede darse sin el concurso del terror. El terror es consustancial a numerosas formas de delincuencia común, pero el terrorismo es un acto que va más allá de las víctimas directamente afectadas por acciones concretas. Si el terror es un fenómeno puramente natural el terrorismo es el aprovechamiento consciente de éste

EL s. XIX

Durante el siglo XIX el fenómeno del terrorismo experimentó un cambio radical, pasando a ser asociado, como sucede en la actualidad, a grupos no pertenecientes a gobiernos establecidos.

El origen pues del terrorismo moderno puede retrotraerse hasta el siglo XIX con el nacimiento del radicalismo revolucionario, y más concretamente con la emergencia de los grupos anarquistas, el anarquismo colectivista y los anarco-comunistas. Desde mediados de ese siglo, grupos influenciados por las teorías de Pierre-Joseph Proudhon[3], autor del libro *"¿Qué es la*

---

[3] **Pierre-Joseph Proudhon**: 15 de enero de 1809: Filósofo, político y revolucionario anarquista francés y, junto con Bakunin, Kropotkin y Malatesta, uno de los padres del movimiento anarquista histórico y de su primera tendencia económica, el mutualismo.

propiedad?" (1840), Karl Marx[4] y Mikhail Bakunin[5] promovieron el establecimiento de un tipo u otro de modelo anti-sistema. En poco más de una década grupos similares aparecieron por toda Europa, los Balcanes y Asia.

El revolucionario alemán Karl Heinzen[6] fue el primero en justificar el uso de la violencia incluyendo los atentados indiscriminados por parte de los militantes para lograr un cambio político. Lo hizo en su panfleto "Mord und Freiheit", que acuñaba el término "Freiheitskämpfer" o luchador por la libertad.

No obstante, estos primeros revolucionarios radicales comenzaron a sentir la desilusión del fracaso al no lograr la expansión de la pretendida revolución social entre campesinos y obreros mediante los métodos tradicionales como la distribución de panfletos políticos llamando al levantamiento y

---

Autor de: *"Sobre la Justicia en la Revolución y en la Iglesia", "El Principio federativo" y "De la capacidad política de la clase obrera"*

[4] **Karl Marx**: 5 de mayo de 1818. Filósofo, economista, sociólogo, periodista, intelectual y político comunista alemán. Junto a Émile Durkheim y a Max Weber como uno de los tres principales arquitectos de la ciencia social moderna. Entre sus obras se incluyen: *"La miseria de la filosofía", "Trabajo asalariado y capital", "Una contribución a la crítica de la economía política"* y *"El Capital"*.

[5] **Mikahil Bakunin**: 30 de mayo de 1814. Teórico político, filósofo, sociólogo y revolucionario anarquista ruso. Es uno de los más conocidos pensadores de la primera generación de filósofos anarquistas junto a Piotr Kropotkin, Pierre-Joseph Proudhon, Carlo Cafiero y Errico Malatesta. Autor de obras como *"Dios y el Estado", "Estatismo y anarquía", "El principio del Estado", "Crítica y Acción", "El Estado y la comuna",* y *"Federalismo, socialismo y antiteologismo"*

[6] **Karl Heinzen**: 22 de febrero de 1809. Autor revolucionario que residió principalmente en Alemania y Estados Unidos. Abogó por la violencia terrorista contra las dinastías gobernantes y las poblaciones civiles no involucradas como un medio para un fin.

convocando algaradas para presionar a los gobiernos. A partir de ese momento evolucionaron hacia el uso de la violencia con la esperanza de lograr las reformas políticas socavando al Estado. De este modo, la "propaganda por el hecho" se convirtió en una estrategia de acción política para los anarquistas europeos.

El tema preocupaba desde hacía tiempo, y en 1898 se celebró en Roma una conferencia internacional para abordarlo. De manera significativa, esa conferencia se denominó "antianarquista", porque en aquellos momentos anarquismo y terrorismo eran términos casi sinónimos para unos gobiernos y una opinión pública que compartían la inquietud por la sucesión de atentados inspirados por la ideología ácrata. En realidad, la primera gran oleada de terrorismo no fue exclusivamente anarquista, pues en ella desempeñaron un gran papel los narodniki[7] rusos y algunos grupos nacionalistas, como los irlandeses. A pesar de ello, no cabe negar que el terrorismo anarquista fue el que más contribuyó a que en el conjunto de Occidente se difundiera el temor ante ese nuevo fenómeno que tan trágica relevancia iba a adquirir en nuestro tiempo.

---

[7] **Narodniki**: Naródnik o Naródniki (en plural) se suele traducir como populista o populistas. Fue la denominación que recibió un heterogéneo grupo de movimientos y corrientes socialistas surgidos durante la segunda mitad del siglo XIX en Rusia El movimiento de los naródniki fue una especie de socialismo agrario construido sobre entidades económicas autónomas entre varios pueblos, enlazados entre ellos en una especie de federación que sustituía al Estado. Su primera organización surgió en los años 1860 y se llamó Zemliá i Volia ('Tierra y Libertad').

La tendencia de los historiadores a centrarse en los casos nacionales, cuando no locales, ha dificultado con ello la comprensión de un fenómeno que fue esencialmente internacional. En todas partes un mismo ideal revolucionario empujaba hacia la violencia a los anarquistas, que leían a los mismos autores, se carteaban entre sí y se desplazaban a través de las fronteras. En aras de la revolución mundial había incluso militantes dispuestos a matar y morir fuera de su país, como lo hicieron los italianos Caserio[8] y Angiolillo[9], que para vengar a sus camaradas franceses o españoles asesinaron respectivamente al presidente francés Carnot y al jefe de gobierno español Cánovas del Castillo.

La principal forma de sembrar el terror, usada virtualmente por todos los grupos de la época fue el asesinato de objetivos carismáticos. Esta forma de actuar no solo conllevaba riesgo para quien la ejecutaba, sino que los convertía en candidatos para convertirse en mártires políticos.

El asesinato del Zar Alejandro II en 1881 a manos del grupo revolucionario Narodnaya Volya es un ejemplo emblemático de este periodo del terrorismo.

---

[8] **Sante Gerónimo Caserio**: 8 de septiembre de 1873. Anarquista italiano del siglo XIX conocido por haber asesinado al presidente francés Marie François Sadi Carnot el 25 de junio de 1894. Fue guillotinado el 16 de agosto de 1894.

[9] **Michele Angiolillo Lombardi**: 5 de junio de 1871. Periodista y anarquista italiano. Fue el autor del asesinato de Antonio Cánovas del Castillo, presidente del Consejo de ministros de España.

Los primeros revolucionarios rusos lucharon contra el gobierno autocrático durante el último tercio del siglo XIX y a comienzos del siglo XX.

Uno de esos grupos, denominado "Voluntad Popular" (Narodnaya Volya), activo en Rusia entre 1878 y 1881, adoptó el rol de grupo terrorista enorgulleciéndose de ello. Durante su actividad revolucionaria desarrollaron ideas y conceptos que más tarde se convertirían en el marco conceptual del terrorismo que surgió con posterioridad en un gran número de países.

En sus postulados propugnaban el asesinato de los denominados líderes de la opresión. Estaban convencidos de que las posibilidades que les ofrecían los "nuevos tiempos" en forma de armas de fuego y explosivos les permitían actuar de forma directa e indiscriminada y, sobre todo, creían que el sistema Zarista contra el que luchaban estaba completamente podrido.

Mediante sus métodos enraizaron los "fundamentos" que han calado en cualquier movimiento terrorista a partir de ese momento y hasta la actualidad, la ensoñación de que sus actos violentos provocarían la revolución. El grupo llegó a asesinar al Zar Alejandro II el 13 de marzo de 1881 pero tal acción fue un fracaso completo desde el punto de vista de conseguir los deseados efectos revolucionarios con que soñaban.

El terrorismo en Rusia se desarrolló siguiendo pasos sucesivos, comenzando por acciones de resistencia armada ante intentos de detenciones contra miembros de la policía que habían maltratado previamente a miembros de grupos revolucionarios mientras estaban detenidos. La formación del grupo Tierra y Libertad en 1872 en la ciudad de San Petersburgo por un grupo de campesinos marcó un punto de inflexión.

Este grupo revolucionario, el primero de su clase, trataba de provocar una revolución económica desde abajo mediante métodos activos. Las reticencias iniciales al uso del terrorismo para alcanzar sus objetivos revolucionarios desaparecieron en parte por el convencimiento de que dichas acciones eran mucho más efectivas para promover la revolución por el simple hecho de la enorme publicidad que se les daba en comparación con la difusión de propaganda ilegal u otras acciones organizadas sin efectos visibles.

Como resultado de todo ello, a finales del siglo XIX las élites intelectuales rusas comenzaron a ver la violencia terrorista como el único modo efectivo de modernizar la sociedad rusa.

La segunda ola en la evolución del terrorismo en Rusia fue promovida por el Partido social Revolucionario. Su primera acción relevante fue el asesinato en 1902 del ministro del Interior Sipyagin[10]. Esta fase se caracterizó al comienzo con una

---

[10] **Dimitri Sipyaguin**: 20 de marzo de 1853. Graduado en la facultad de Derecho de la Universidad de San Petersburgo en 1876. Trabajó en el Ministerio del Interior de Rusia como vicegobernador de Járkov (de 1886 a 1888), fue gobernador de Curlandia (de 1888 a 1891) y gobernador de Moscú (de 1891 a 1893); comisario del Ministerio de Hacienda (1893); delegado del ministro de Interior (1894); director ejecutivo del derecho de petición en la Cancillería Imperial (de 1895 a 1899); director del Ministerio del Interior (1899); y finamente ministro de Interior (de 1900 a 1902). De ideas conservadoras, se caracterizó por su total lealtad a la autocracia del zar.
Fue asesinado en el Palacio Mariinski por el socialista-revolucionario Stepán Balmashov.

serie de asesinatos selectivos. Después de alcanzar su punto álgido en 1906, la campana de terror comenzó a remitir.

La tercera ola de terror político comenzó con la revolución bolchevique de octubre de 1917, pero fue rápidamente detenida.

Según argumenta Wilkinson[11], cuando un movimiento es puramente terrorista, como fue el caso del Partido Social Revolucionario en Rusia entre 1905 y 1908, este es incapaz de transformarse en dinamizador de verdaderos cambios sociales.

Por el contrario, el terrorismo sí ha demostrado cierta efectividad como instrumento para provocar dichos cambios cuando se utiliza como elemento auxiliar.

Los asesinatos terroristas se distinguían claramente de meros actos criminales ya que los objetivos eran personalidades con responsabilidad política u oficial, y ello significaba una profunda convicción personal que podría inspirar a otros y personificaba el "código de honor revolucionario" liberando a ciudadanos inocentes.

Esta forma de actuar dio a los asesinatos una imagen de forma más humana de violencia que la guerra civil, pues los terroristas solo atacaban a miembros de los Estados opresores, lo cual también mantenía un número de víctimas razonablemente bajo.

---

[11] **Paul Wilkinson**: 9 May 1937. Experto británico en terrorismo. Profesor emérito de Relaciones Internacionales y director del Centro para el estudio del terrorismo y la violencia política de la Universidad de St. Adrews. Asesor en la materia del gobierno británico. Autor de numerosos libros entre los que se encuentran: *"Terrorismo político"*, *"Terrorismo Versus Democracia"*, *"Terrorismo y el Estado Liberal"*, y *"Terrorismo: Dimensiones Internacionales"*.

Esto era una ventaja dentro de esa estrategia de la "propaganda por los hechos".

El desarrollo tecnológico que se dio en la segunda mitad del siglo XIX jugó así mismo un rol fundamental en el aumento del terrorismo. La fácil disponibilidad de dinamita y otros explosivos permitieron a los terroristas perpetrar sus acciones de una forma más amplia y mortal. El desarrollo paralelo de los medios de comunicación y el acceso a estos por la mayor parte de la población facilitó el que las ideas, acciones y los mensajes de los terroristas llegaran más rápidamente y a más distancia abriendo una época de comunicación de masas que fue crucial para inspirar a grupos de todas partes.

La invención del telégrafo permitió que los periódicos pudieran recibir la información casi de manera instantánea, dando la oportunidad a millones de personas de acceder a esta prácticamente desde el mismo momento en que los hechos se producían.

Los nuevos avances tecnológicos junto con el mayor acceso a la educación propiciaron la migración de grandes grupos de población desde las zonas rurales y agrícolas a los centros urbanos industriales.

El desarrollo de las líneas férreas comerciales y las rutas marítimas transatlánticas permitieron a los grupos radicales recorrer largas distancias y difundir su ideología política a muchas más zonas y a mayor distancia.

Aunque el éxito en la acción para asesinar al Zar Alejandro II sirvió de inspiración inicialmente para una ola de violencia anarquista que asoló Europa y América en las décadas siguientes, los rebeldes rusos animaron y entrenaron a una gran variedad de grupos rebeldes que emergieron en los lugares más diversos, incluso aunque sus objetivos políticos fueran diametralmente diferentes.

Mientras que los anarquistas llevaron a cabo ataques con bomba en Francia, Alemania, Italia y España, los cuales condujeron a espirales de violencia entre estos y las autoridades estatales, los Estados occidentales trataron de contener la actuación de los terroristas mediante medios legales tales como el control de la inmigración y tratados o acuerdos de extradición. Estas medidas incluyeron un protocolo relativo a medidas a tomar contra el movimiento anarquista firmado por nueve Estados en marzo de 1904 y una convención administrativa para facilitar el intercambio de información relativa a individuos considerados peligrosos para la sociedad firmada en octubre de 1905.

Solo los regímenes conservadores de Austria, Prusia, Rusia y Nápoles persistieron en reclamar que naciones de similar ideología deberían usar sus leyes de extradición para ayudarse entre ellos en la lucha contra los revolucionarios.

Como herramienta o arma complementaria en manos de grupos revolucionarios combatiendo regímenes autocráticos, el terrorismo había probado ser efectivo para lograr cambios sociales. Los revolucionarios tienden a usar los métodos terroristas como arma contra regímenes autocráticos durante un periodo limitado de tiempo para lograr sus objetivos. Se convierte de ese modo en el vehículo para acceder al poder, pero no es un instrumento válido para retenerlo. No obstante, no dejemos de tener en cuenta que estamos en el contexto de la Rusia de finales del XIX y comienzos del XX.

Pero esta visión romántica o incluso benevolente del fenómeno terrorista experimentó un cambio a medida que Europa comenzó a ser testigo desde finales del siglo XIX de una oleada de asesinatos de personajes de primer nivel como monarcas, miembros de la aristocracia y pertenecientes a los gobiernos a manos de anarquistas y socialistas revolucionarios.

Estas acciones no solo provocaron una peligrosa inestabilidad política, sino que extendieron una sensación de ansiedad e inquietud entre toda la población. Motivados por descontento político, social o protestas religiosas, estos actos terroristas fueron incentivados por pequeños grupos insatisfechos e individuos que los usaron contra sus enemigos políticos.

Ante la ausencia en numerosas ocasiones de una estrategia con un mínimo de coherencia, esos asesinatos perdieron rápidamente el favor popular. Aun así, con el paso del tiempo, la aparición del fenómeno con acciones similares en España y en EE. UU. logro ganarse el favor de ciertos grupos y allanó el camino para lo que posteriormente se vino en denominar el terrorismo de la clase obrera.

En el caso concreto de España este fenómeno tomó la forma de terrorismo agrario e industrial, principalmente llevado a cabo por grupos anarquistas. Hasta el comienzo de la primera Guerra Mundial se sucedieron campañas terroristas sistemáticas en diversos lugares de Europa, Rusia, los Balcanes y de un modo algo diferente en España.

Pero el fenómeno no se circunscribió a los límites del continente europeo. El resto del mundo no estuvo libre de asesinatos similares, aunque la amenaza fue mucho menor, en parte porque políticamente eran objetivos menos atractivos.

El 28 de unió de 1914, Gavilo Princip, un joven nacionalista serbio y miembro del grupo clandestino "Mano Negra[12]", cuya finalidad era lograr la creación de la Gran Serbia, asesinó al archiduque de Austria Francisco Fernando y a su esposa en Sarajevo. Este hecho provocó un efecto dominó entre las diferentes alianzas defensivas establecidas en Europa que culminó en la I Guerra Mundial, lo cual cambió para siempre el fenómeno terrorista. Al finalizar la guerra, con el regreso de soldados perfectamente entrenados a sus hogares, las tácticas y métodos aprendidos durante la contienda se mantuvieron latentes dentro de las sociedades, y en no pocas ocasiones nuevos grupos terroristas o revolucionarios se sirvieron de dicha experiencia acumulada, así como de la frustración que

---

[12] **La Mano Negra**: Unificación o Muerte, también llamada la Mano Negra. Organización secreta militar de ideología nacionalista formada por miembros del ejército en el Reino de Serbia. Fue fundada a principios de 1911 y tenía conexiones con algunos elementos paneslavos del Gobierno de Serbia.

trajo consigo las duras condiciones tras la guerra para emplearlos en beneficio de sus intereses.

Grupos nacionalistas y separatistas tanto dentro del continente europeo como fuera del mismo recurrieron al terrorismo como un método efectivo de sensibilizar a la población sobre sus reivindicaciones y ganar un mayor reconocimiento y aceptación. Los años veinte fueron testigo de cómo el terrorismo sistemático ganaba influencia al calor del nacimiento de los movimientos fascistas. Aunque los actos de terrorismo, especialmente los asesinatos disminuyeron en número, ganaron en importancia o repercusión regional. El asesinato del rey Alejandro I de Yugoslavia y el ministro de exteriores francés, Bathou en Marsella en abril de 1934 es un claro ejemplo de terrorismo internacional en el que al menos cuatro naciones se vieron envueltas. La Liga de Naciones intervino y se dictaron resoluciones al tiempo que se formaron comisiones con la finalidad de combatir el terrorismo de forma conjunta.

Orígenes del terrorismo en España

En el caso español, surge en el contexto de la Restauración, que consolidó la posición de la burguesía en detrimento de un proletariado industrial en pésimas condiciones laborales y vitales, sobre todo en el caso de Barcelona, lo que explica la mayor influencia del anarquismo en esta ciudad. La difusión del programa de Bakunin en España dará lugar a la fundación de la

Federación Regional Española (FRE)[13] en el Congreso de Barcelona de 1870, que fue contraria a la violencia en sus inicios. A partir de 1873, con el final del Sexenio Revolucionario, aumenta la represión policial contra el movimiento obrero, lo que provoca el viraje hacia la violencia como respuesta. Estos primeros esbozos de puesta en práctica de la ya comentada "propaganda por el hecho" se planteaban más como simple represalia que como actos de propaganda en sí para propiciar la revolución. En 1881 se crea la Federación de Trabajadores de la Región Española, que intenta reprimir las tendencias violentas impuestas en los congresos internacionales, lo que produce la disidencia de algunos militantes que se orientan hacia el terrorismo, y su disolución en 1888.

Los principales atentados que se realizaron en España a finales del XIX no deben ser entendidos como actos indiscriminados, sino que tuvieron unas claras connotaciones políticas, sociales y económicas y unos destinatarios perfectamente escogidos.

Esos atentados se dirigieron contra los representantes políticos y militares del Estado y contra aquellos grupos sociales que, según los anarquistas, había que combatir. Los libertarios justificaban sus actos mediante una mezcla de venganza y simbolismo. Venganza como respuesta a la violencia ejercida

---

[13] **Federación Regional Española (FRE):** Sección española de la Asociación Internacional de Trabajadores o Primera Internacional. Se fundó en el Congreso Obrero de Barcelona de 1870 durante el Sexenio Democrático desarrollando su actividad hasta 1881 cuando se disolvió. Tras el triunfo del golpe de Pavía en enero de 1874, que puso fin a la República Federal, tuvo que operar en la clandestinidad hasta su disolución. En este periodo de tiempo experimentó un proceso de radicalización hacia postulados insurreccionales.

desde el poder. Simbolismo porque su objetivo eran personas y grupos que representaban a los pilares de la organización social existente.

En el año 1886 surge la primera oleada de actividad puramente terrorista en España, concretamente el día 1 de septiembre de ese año, con la colocación de una bomba en la sede de la Organización patronal Fomento de la producción en Barcelona.

Desde el año 1886 hasta 1912, año del asesinato del presidente del Consejo de ministros José Canalejas, la primera oleada de actividad terrorista tendrá una duración en España de 26 años. Los protagonistas serán pequeños grupos de ideología anarquista cuya actividad se va a replicar en todos los continentes, aunque de manera muy especial en Europa.

En España, la relevancia de esta oleada de atentados queda patente en los grandes atentados, la mayoría de corte anarquista, cuya repercusión fue muy importante. Entre estos podemos citar:

La ya mencionada explosión de una bomba en la sede de la Organización Patronal de Fomento de la Producción Nacional de Barcelona el 1 de septiembre de 1886.

La bomba en la casa de los fabricantes Batlló en Barcelona el 17 de enero de 1889.

Una nueva explosión en la sede de la Organización Patronal de Fomento de la Producción Nacional de Barcelona el 4 de mayo de 1890.

La localización de 3 bombas en la Alameda de Cádiz el 3 de mayo de 1891.

Explosión de un artefacto en la Plaza Real de Barcelona el 9 de febrero de 1892.

Bomba contra el General Martínez-Campos causando dos muertos y varios heridos el 24 de septiembre de 1893.

Lanzamiento de una bomba en el patio de butacas del Teatro del Liceo de Barcelona con el resultado de 20 muertos y varios heridos el 7 de noviembre de 1893.

Bomba contra el palacete "La Huerta", domicilio de Cánovas del Castillo el 20 de junio de 1893.

Atentado contra el gobernador civil Ramón Larroca el 25 de enero de 1894.

Atentado con bomba contra la procesión del Corpus Christi el 7 de junio de 1896 en Barcelona.

Asesinato del presidente del Gobierno D. Antonio Cánovas del Castillo el 8 de agosto de 1897.

Todas estas acciones criminales irán conformando una técnica y forma de actuación que de un modo otro se reproducirá hasta nuestros días.

Durante esta primera fase del fenómeno terrorista en España se producirán hasta cuatro intentos de magnicidio del entonces jefe del Estado, Alfonso XIII y se asesinará a dos presidentes de Gobierno.

Una característica fundamental del terrorismo de corte anarquista, muy relevante en España, será el rasgo del martirio. Los mártires anarquistas tendrán un gran impacto social entre los seguidores de este movimiento, algo que volvemos a ver hoy cuando el fenómeno del radicalismo islámico toma la forma de terrorismo.

Como dato significativo del periodo cabe resaltar que durante el mismo serán asesinados más jefes de Estado y presidentes del Gobierno o primeros ministros que el cualquier otro anterior o posterior en la historia.

No obstante, cada acción tiene sus connotaciones particulares, y las acciones que se tomaron como consecuencia de ellas no siempre tuvieron los resultados esperados, ni para el Estado ni para los propios terroristas.

El atentado contra el Capitán General de Cataluña, Arsenio Martínez Campos, se debe entender como un ataque contra el militarismo y el Estado; mientras que las bombas lanzadas en el Teatro del Liceo fueron un acto contra el capitalismo, encarnado por la burguesía catalana.

El primer gran atentado fue el que se produjo, el 24 de septiembre de 1893, contra el General Martínez Campos durante el desfile militar por las fiestas de la Merced en la Gran Vía barcelonesa. El anarquista Paulino Pallás arrojó dos bombas Orsini[14] al paso del General. La explosión mató al guardia civil

---

[14] **Bomba Orsini**: Artefacto explosivo inventado por el revolucionario italiano Felice Orsini a finales de 1857. Se trata de un elemento esférico relleno de explosivo que es activado

Jaime Tous, y causó varios heridos de diversa consideración entre el público que presenciaba la parada militar y entre los militares participantes en la misma. Martínez Campos sufrió una herida leve en la pierna derecha, y su ayudante, el señor Bustos, en el pecho. El general Castellvi resultó herido en el brazo derecho, mientras que el también general Molins fue atendido de diversas contusiones.

Paulino Pallás, autor del atentado, era tipógrafo, tenía 31 años y estaba casado con tres hijos. Fue detenido en el mismo momento del atentado, pues no pretendió escapar. Tras arrojar las bombas, lanzó su gorra al aire mientras gritaba «¡Viva la Anarquía!», y esperó a que le detuvieran sin oponer resistencia. El autor señaló, en sus declaraciones, el carácter simbólico de su acción, pues dijo que no atacó a Martínez Campos por una cuestión personal, sino por su papel como representante de uno de los pilares de la sociedad, a la que detestaba.

Pallás sostuvo, desde el mismo momento de su detención, que había actuado en solitario. Sólo reconoció que las bombas se las había proporcionado un italiano llamado Francesco Momo, que había fallecido en marzo del mismo año, durante la manipulación de un artefacto que estaba fabricando en un taller de San Martín de Provenzals, Barcelona. Lo que no fue obstáculo para que se sucedieran las redadas en la ciudad, en busca de los supuestos cómplices del atentado. Las actuaciones policiales,

---

por contacto mediante unos resaltes llenos de fulminato de mercurio que rodean la bomba, que explosiona al impacto.

bajo el mando del Gobernador civil, Sr. Larroca, y del inspector de policía Tressols, se dirigieron principalmente contra los anarquistas que, en desbandada salían apresuradamente de la ciudad. Las detenciones alcanzaron, de forma especial, a militantes del movimiento obrero, entre otros a los dirigentes que habían sido retenidos a bordo del acorazado «Pelayo» a raíz de los sucesos del 1º de mayo de 1891.

El acusado nunca se arrepintió de su acto, por lo que cuando el presidente del Tribunal, teniente coronel Juan Cirlot, le dio la palabra, éste se ratificó en su acción y dijo que sólo sentía «no haberlo consumado». El Consejo de guerra le declaró culpable, sentencia que fue ratificada por el Tribunal Supremo de Guerra y Marina. Pallás fue ajusticiado el 6 de octubre de 1893. Los anarquistas le encumbraron como un héroe y un mártir.

En el atentado del Teatro del Liceo, considerada una acción de venganza por la ejecución de Pallás, la explosión de dos bombas Orsini arrojadas al patio de butacas durante el segundo acto de la ópera «Guillermo Tell» causó 20 muertos y 27 heridos. El gobierno suprimió inmediatamente las garantías constitucionales en la provincia. Las peticiones de una ley antiterrorista se sucedieron desde amplios sectores de la sociedad, especialmente desde aquellos que se habían visto directamente atacados, como eran las personas más influyentes de la sociedad catalana. No en vano, el atentado se había producido en un lugar emblemático de la burguesía en Barcelona.

Nada más producirse el atentado contra el General Martínez Campos, el Fiscal del Tribunal Supremo recordó a los fiscales los artículos del Código penal a aplicar para impedir la propagación de la doctrina anarquista. En concreto señalaba el castigo como delincuentes a los que, por medio de la imprenta, el grabado u otro medio mecánico de publicación provocaran directamente la perpetración de algún delito, y como autores de falta a quienes emplearan iguales medios para hacer apología de acciones calificadas como delito.

A finales de este año, una circular reservada del Ministerio de Gobernación solicitó a los gobernadores la confección de listas con los nombres de aquellos que defendieran las ideas anarquistas. Estas relaciones incluirían a los considerados como hombres de acción, a aquellos que fueran conocidos como propagandistas de la anarquía mediante publicaciones, discursos o reuniones, y, en general, a toda persona de ideas ácratas. Las listas se complementarían con un informe de las escuelas anarquistas existentes en cada provincia en el que se haría constar su conexión con otros centros en la península, su influencia en las masas obreras y su actitud ante los atentados.

Es factible que los atentados anarquistas de esta época contaran con la colaboración de varias personas en su realización. De hecho, parece evidente la existencia de "grupos de acción" con una mínima infraestructura, que abarcaba desde la persona que fabricaba las bombas hasta el autor del atentado, pasando por los encargados de la compra del material explosivo y su ocultación. Pero el conocimiento de la ideología, tremendamente individualista, de estos "hombres de acción", unido a la falta de redes jerarquizadas, inexistentes en el Movimiento Libertario, implicaban que estos atentados terroristas pudieran ser consecuencia, en última instancia, de un acto individual más que de una acción premeditada y planificada por el grupo. Cualquiera de sus miembros tenía la autonomía suficiente para realizar un atentado sin contar con el conocimiento, ni mucho menos, la autorización del resto, que se enteraban una vez realizada la acción.

Este "modus operandi" complicaba enormemente la investigación de los actos criminales atribuidos a esta ideología.

Como consecuencia del atentado y las presiones el ministro de Gracia y Justicia del gobierno Sagasta, Trinitario Ruiz Capdepón, elaboró una ley anti anarquista que fue aprobada el 10 de julio de 1894.

Casi inmediatamente la policía puso en marcha un fuerte dispositivo que implicó cientos de registros y detenciones que no se circunscribieron exclusivamente a Barcelona, sino que se ampliaron a otros lugares de España como Murcia, Valladolid y Granada. A finales de 1893, el número de detenidos en la Ciudad Condal ascendía a 260. El número total de encarcelados fue excepcional, como lo prueba la saturación de las cárceles de la ciudad y la necesidad de habilitar el barco «Navarra» como prisión provisional. Aquellos sobre los que se proyectaban mayores sospechas eran trasladados al castillo de Montjuic, donde se encontraban, a mediados de diciembre, 23 de los detenidos.

Ante tales hechos y después de diversas confesiones, autoinculpaciones, retractaciones y otro atentado contra el Gobernador civil de Barcelona, Ramón Larroca, que aparecía en los medios de comunicación como el verdadero artífice del descubrimiento de un supuesto complot de carácter anarquista, el Estado no quiso dar una imagen de "debilidad" y, en lugar de esclarecer lo sucedido, buscó los medios para dar un escarmiento a los anarquistas. Más allá de este acto terrorista concreto, la consideración que se les daba era la de enemigos.

Así que la causa por el atentado contra el general Martínez Campos se reabrió, y los encausados hasta ese momento por la bomba del Liceo pasaron a ser acusados como cómplices de Paulino Pallás.

El Consejo de ministros, presidido por Sagasta, ya había abordado a los pocos días del atentado del Liceo la cuestión referente a la posible conexión entre los dos atentados que había sufrido la capital catalana en los meses anteriores.

El juez Enrique Marzo presidió el Consejo de Guerra que se celebró en Barcelona el 29 de abril de 1894. Los 10 acusados eran: Mariano Cerezuela, Jaime Sogas, Manuel Archs, José Sabat, José Bernat, José Codina, Juan Carbonell, Rafael Miralles, Domingo Mir y Francisco Vilarrubias. En consecuencia, pidió la pena de muerte para Cerezuela, Sogas, Archs, Sabat, Bernat y Codina, como coautores por inducción o cooperación, y la de cadena perpetua para Carbonell, Miralles, Mir y Villarrubias, como cómplices.

La sentencia se cumplió el 21 de mayo de 1894 a las cuatro y media de la mañana, momento en el que los seis anarquistas eran fusilados en el foso del recinto interior del Castillo de Montjuic.

La sentencia dictada como consecuencia de los atentados acaecidos en 1893 en Barcelona, en cierto modo complicó de una forma excepcional el problema del terrorismo en España. La actuación de la justicia estuvo rodeada de polémica, y dio lugar a una espiral que desembocó en actos cada vez más cruentos de imposible justificación por ambas partes.

El ejemplo más claro es el atentado sucedido contra la procesión del Corpus de la iglesia de Santa María del Mar. Una vez más, en Barcelona.

Sobre las nueve de la noche del día 7 de junio de 1896 una bomba estalló en la confluencia de las calles Cambios Nuevos y Arenas de Cambio durante la celebración de la procesión del Corpus causando de manera inmediata tres víctimas mortales. En los días siguientes el número de heridos que fallecieron a consecuencia de la explosión continuó aumentando hasta ser doce las personas fallecidas y más de sesenta las que necesitaron algún tipo de atención médica. Todas las víctimas eran gente del pueblo, no hubo ningún herido entre las autoridades que, con el capitán general a la cabeza, blandiendo el pendón principal, circulaban tras la custodia en el momento de la explosión.

Este atentado causó gran conmoción en todos los estratos sociales. Incluso en aquellos más próximos al movimiento anarquista. Recibiendo críticas incluso en sus medios afines.

En el congreso de los Diputados, las opiniones eran muy similares a las que se expresaban en las páginas de la prensa. Algunos diputados pedían medidas extraordinarias para perseguir a los culpables. Otros, principalmente de corte liberal, negaban la necesidad de nuevas leyes represivas, mientras que los más conservadores exigían no sólo el castigo a los culpables sino la persecución de las ideas anarquistas. La repulsa por el atentado también se expresó desde ateneos como el de Gracia o el de Hostalfranchs, y en organizaciones obreras, como la liga de productores del Principado de Cataluña o la Federación Obrera de los Tres Clases de Vapor.

Todas estas reacciones colaboraron a que el miedo y la inquietud que habían inundado las calles de Barcelona y de toda España se transformaran en odio y ganas irrefrenables de venganza contra todos los anarquistas. Cualquier persona que se moviera en círculos anarquistas, como ateneos o sociedades obreras, era considerada culpable, hubiese tomado parte o no en el atentado. Incluso si su visión del anarquismo era radicalmente opuesta a la de aquellos criminales que eran capaces de arrojar una bomba en mitad de una multitud y a los que sus propios compañeros también recriminaban.

En la misma noche de la explosión, el capitán general de Barcelona propuso la detención inmediata de "los presuntos autores del atentado o sea de anarquistas de antiguo conocidos...", al tiempo que solicitaba la suspensión de las garantías constitucionales. El día siguiente, 9 de junio, la Reina accedía a dicha petición y firmaba un decreto que estuvo en vigor hasta el 17 de diciembre del mismo año. El día 8 de junio, es decir, al día siguiente del atentado, informaba de la detención de 38 individuos, el día 12 eran ya 80 los que se encontraban en prisión y el 22 del mismo mes la cifra ascendía a 193. En total el número de detenidos ascendió a más de 400. Este volumen excepcional de detenidos supuso, desde el primer momento, un problema para las autoridades que se vieron desbordadas. A los pocos días, la cárcel de Barcelona estaba completamente abarrotada y se fueron efectuando trasvases de presos al castillo de Montjuic.

Las autoridades aprovecharon la indignación que el atentado había producido en la población y el ambiente de venganza que la prensa conservadora había promovido para poner en marcha un escarmiento que alcanzó a todos aquellos grupos que se oponían al sistema.

Era evidente que los fines que la tendencia más violenta del movimiento anarquista pretendía alcanzar a través de la "propaganda por el hecho" habían fracasado rotundamente. Sin embargo, esta situación cambió con el proceso que se celebró en el Castillo de Montjuic.

El consejo de guerra se celebró a partir de mediados de diciembre de 1896. En el transcurso de este se pusieron de manifiesto las torturas sufridas por los detenidos y las irregularidades del sumario, que sirvieron de argumento para una campaña, a escala nacional e internacional que cambió el rumbo de los acontecimientos. El que el juicio se celebrara a puerta cerrada sólo sirvió para favorecer aún más ese cambio.

Un asunto grave denunciado por todos los detenidos supuso un añadido a todo lo que estaba sucediendo: las supuestas torturas que sufrieron algunos de los procesados. A finales de noviembre de 1896, es decir un mes antes al comienzo del juicio, los diarios españoles El País y El Nuevo Régimen informaban que habían recibido cartas individuales y colectivas de los detenidos en las que denunciaban los malos tratos a los que habían sido sometidos.

Con este ambiente de fondo, el juicio se inició el 11 de diciembre de 1896. El número de personas presentes en el sumario, como presuntos partícipes o cómplices, era 131, en su inmensa mayoría anarquistas, pero el número quedó reducido a 87 cuando la causa se elevó a plenario. Se les juzgaba por la muerte de 12 personas y lesiones ocasionadas a otras 35.

Finalmente, y después de un largo y farragoso proceso, el Consejo de Guerra terminó declarando merecedores de la pena capital a 8 de los procesados.

En abril de 1897 se reunió el Consejo Supremo de Guerra y Marina - que juzgó a los acusados de acuerdo con la ley de 1894

- para revisar la sentencia dictada por el Consejo de Guerra ordinario.

El Consejo Supremo, aunque no anuló el procedimiento, rebajó considerablemente las condenas impuestas por la corte anterior, dictando sólo 5 condenas a muerte.

A pesar de ello los acusados en el proceso que quedaron absueltos, los detenidos durante las pesquisas y los medios afines volcaron sus esfuerzos en poner de relieve los métodos empleados por la justicia, convirtiendo a los responsables de los atentados en mártires, y perjudicando seriamente la imagen internacional de España en un momento clave, coincidiendo con las campañas de descrédito iniciadas en EE. UU. para justificar su intervención en el conflicto de Cuba.

Otra consecuencia de estos acontecimientos fue el asesinato principal dirigente político de España, Cánovas del Castillo, al que convirtieron en responsable de todo lo sucedido a los anarquistas y de las medidas de represión llevadas a cabo. La venganza por su actuación en el proceso de Montjuic fue el motivo argüido por Michelle Angiolillo para asesinarle en el balneario de Santa Águeda en Guipúzcoa, el 8 de agosto de 1897.

Principales Acciones Terroristas

Una vez establecido el momento en que podemos considerar que nace el concepto de terrorismo tal y como lo concebimos en la actualidad, o mejor dicho el momento en que dicho concepto comienza a conformarse, haremos un repaso de las principales acciones terroristas llevadas desde ese periodo hasta el momento considerado como el principal punto de inflexión en la historia del terrorismo moderno: el asesinato del Archiduque Francisco Fernando, hito que marca el comienzo de la Primera Guerra Mundial.

No se trata de realizar un estudio en profundidad de cada una de dichas acciones, sino de presentar un resumen de las más significativas:

- 28 de julio de 1836: Giuseppe Marco Fieschi abre fuego contra el séquito real del rey Luis Felipe de Francia durante la revista anual a la Guardia Nacional en el seno de un complot revolucionario. Como consecuencia de un mal funcionamiento del arma utilizada el autor del atentado resulto herido y fue capturado poco después. Posteriormente dos de sus cómplices, Pierre Morey y Theodore Pepin fueron detenidos. Los tres fueron ejecutados el 19 de febrero de 1836.

- 14 de abril de 1865: El presidente de los Estados Unidos, Abraham Lincoln es asesinado por John Wilkes Booth mientras asistía a una representación teatral en el teatro Ford en Washington D.C. Booth y sus cómplices habían planeado llevar a cabo tres ataques simultáneos contra el presidente, el vicepresidente Andrew Johnson y el secretario de Estado William H. Seward. El responsable de llevar a cabo el ataque contra Seward falló en el intento y el que debía asesinar al vicepresidente no se atrevió en el último momento. Doce días después del atentado John Wilkes Booth fue abatido y en los días sucesivos sus cómplices fueron arrestados y ejecutados.

-       27 de diciembre de 1870: Mientras en Madrid todo estaba preparado para la llegada de Amadeo de Saboya, nuevo rey de España el general Prim, de 56 años, jefe del Gobierno y ministro de la Guerra, capitán general de los Ejércitos, marqués de los Castillejos y conde de Reus, se preparaba para desplazarse al puerto de Cartagena para recibir al nuevo monarca al día siguiente. Cuando el coche que le llevaba junto con sus ayudantes llegó a la calle del turco, dos carruajes cruzados impedían el paso. Al detenerse tres individuos armados abrieron fuego contra el coche del General Prim. Dado que los cristales no estaban subidos uno de ellos consiguió introducir el cañón de su arma en el interior de la berlina y disparó a quemarropa llegando a provocar quemaduras por la pólvora en el rostro de su víctima. Prim fallecería el día 30 de diciembre como consecuencia de la infección que le provocaron las heridas sufridas. La posterior investigación y sumario no aclararon la autoría, si bien algunos diarios revolucionarios de la época habían publicado duras críticas contra él pidiendo incluso su muerte.

- 13 de marzo de 1881: Asesinato del Zar Alejandro II de Rusia. El magnicidio tuvo lugar en San Petersburgo. El Zar se desplazaba en un carruaje blindado cuando Nikolai Rysakov, un joven miembro del grupo revolucionario Narodnaya Volya lanzó una bomba bajo este.

Tras la explosión, que causó varios heridos y un muerto, el Zar bajó por su propio pie del vehículo, momento en el que otro miembro de la organización, Ignacy Hryniewiecki arrojó otro artefacto explosivo justo a los pies del monarca causándole terribles heridas que le provocarían la muerte pocas horas después. El primer atacante fue detenido en el mismo instante del atentado. El segundo falleció al poco tiempo debido a las heridas que recibió a causa de su propia bomba. Durante la investigación se supo que un tercer terrorista, Ivan Yemelyanov, se encontraba en el lugar con otro artefacto para asegurar el éxito de la empresa.

Varios implicados fueron arrestados y ejecutados.

- 1881 – 1885: Campaña de atentados Fenian. Esta secuencia de ataques fue organizada por los republicanos irlandeses contra el Imperio Británico entre los años 1881 y 1885. Durante ese periodo llevaron a cabo más de veinte atentados con bomba causando numerosas víctimas. Las acciones se asociaron al "Fenianismo", que equivale a referirse a las organizaciones revolucionarias irlandesas que tenían como objetivo establecer una República Independiente. Entre esos grupos se encontraban la Hermandad Republicana Irlandesa, La Hermandad Fenian, Clan na Gael y los Irlandeses Unidos de América. La campaña estuvo liderada por Jeremiah O'Donovan Rossa y otros irlandeses exiliados en los Estados Unidos. Los objetivos fueron infraestructuras, oficinas del gobierno e instalaciones militares y policiales en Gran Bretaña, especialmente en Londres. Esta oleada de atentados tuvo como consecuencia la creación de un grupo especial de policía secreta, "The Special Irish Branch".

- 9 de diciembre de 1893: El anarquista francés Auguste Vaillant coloca una bomba en la Cámara de los Diputados hiriendo a 20 personas.

- 24 de junio de 1894: El presidente francés Marie François Sadi Carnot es apuñalado mortalmente por el anarquista italiano Sante Gerónimo Caserio en la ciudad de Lyon.

- 26 de agosto de 1896: Separatistas Armenios pertenecientes a la Federación Armenia Revolucionaria ocupan la sede del banco Otomano en Estambul. Veintiocho hombres y mujeres armados con explosivos, granadas y armas de fuego liderados por Papken Siuni and Armen Garo se hicieron con el control del establecimiento que empleaba a personal de nacionalidad inglesa y francesa principalmente. La motivación era llamar la atención sobre el conflicto entre armenios y turcos y reclamar la atención de las potencias europeas hasta el momento indiferentes al problema. Como resultado final y después de 14 horas, 10 de los secuestradores murieron al igual que varios soldados turcos.

La consecuencia inmediata fue el asesinato de más de 6000 armenios como represalia.

- 6 de agosto de 1893: Michele Angiolillo, tipógrafo de profesión fichado por la policía italiana como anarquista. Se encontraba en Londres huyendo de la justicia italiana cuando conoció los relatos de los detenidos en el proceso de Montjuic y allí compró el arma con la que asesinaría a Cánovas del Castillo. De la capital británica se dirigió a París donde se entrevistó con el delegado de los insurrectos cubanos que luchaban contra España para lograr la independencia, Ramón Emeterio Betances, al que pidió dinero para poder ir a España y asesinar a la reina-regente María Cristina de Habsburgo-Lorena y al presidente del gobierno Antonio Cánovas del Castillo. Betances le dio cierta cantidad, aunque le dijo que reprobaba los asesinatos. En París, Angiolillo también se entrevistó con el director del periódico anarquista L'Intransigeant, Henri Rochefort, que había sido uno de los medios que más había destacado en la campaña internacional de denuncia de las supuestas torturas de Montjuic, y que también apoyaba la causa independentista cubana.

De París marchó a Madrid donde entró en contacto con el periodista republicano y anticlerical José Nakens a quien se presentó como periodista con el falso nombre de Emilio Rinaldini, y a quien pidió ayuda. Nakens le dio algún dinero y al despedirse le contó sus proyectos.

A principios de agosto de 1897 Angiolillo se encontraba en Guipúzcoa y el día 8, al mediodía, disparó tres veces con un revólver al presidente del gobierno Antonio Cánovas del Castillo cuando leía el periódico sentado en un banco en el balneario de Santa Águeda, en el cual pasaba unos días de descanso.

Justificó su crimen como una represalia por las torturas a que habían sido sometidos los sospechosos por el atentado de la procesión del Corpus de Barcelona en el castillo de Montjuic. Declaró su solidaridad con los que vivían en la miseria, su rechazo a la injusticia social y su amor al anarquismo.

Fue condenado a muerte y la sentencia se cumplió mediante garrote vil el 19 de agosto de 1897, sólo once días después de haber cometido el asesinato.

- 20 de julio de 1900: En la tarde del 29 de julio de 1900 Umberto I de Italia fue asesinado en Monza. El rey recibió cuatro disparos por parte de un anarquista italo-americano llamado Gaetano Bresci. Bresci fue detenido y declaró que buscaba venganza por los Muertos durante la represión de las manifestaciones de Milán en mayo de 1898.

- 15 de abril de 1902: Asesinato del ministro del Interior Dmitry Sipyagin a manos del revolucionario socialista Stepan Balmashov cuando se encontraba en el Teatro Marisnky en la ciudad de San Petersburgo.

-       17 de febrero de 1905: Asesinato del Gran Duque Sergei Alexandrovich Romanov a manos de revolucionarios socialistas. El 15 de febrero de 1905 la familia Romanov asistió a un concierto en beneficio de la Cruz roja en el teatro del Bolshoi. Un grupo terrorista conocía la ruta que seguiría el Duque y planeó asesinarle durante el trayecto. Pero uno de los integrantes pudo ver que un gran número de niños viajaban junto a él en el carruaje. Esto les hizo desistir del intento por las posibles consecuencias que tendría acabar con la vida no sólo del Gran Duque sino de varios niños. Temían que las represalias tuvieran consecuencias funestas para su movimiento revolucionario.

Después de almorzar con su esposa en el palacio de Nicolás el día 17 de febrero, Sergei abandonó el lugar. Lo hizo sin que le acompañara su ayudante, Alexei, pues era conocedor del riesgo que corría y no quería ponerlo en peligro ya que tenía esposa e hijos. El terrorista responsable de llevar a cabo el ataque esperaba al carruaje en el Kremlin con una bomba envuelta en un periódico.

Justo a las 14:45 el carruaje del Gran Duque atravesó la puerta de la torre Nikolskaya y giró hacia el monasterio Chudov dentro de la plaza Senatskava. Desde una corta distancia, Ivan Kalyayev, miembro del grupo de combate del Partido Socialista Revolucionario se acercó y lanzó un artefacto de nitroglicerina directamente sobre el regazo de Sergei. La deflagración destruyó por completo el carruaje y acabó al instante con la vida del Gran Duque. El conductor de este también falleció en el atentado.

-       31 de mayo de 1906: El 31 de mayo de 1906, día de la boda real entre Alfonso XIII y Victoria Eugenia, cuando la comitiva se dirigía de vuelta de la iglesia de los Jerónimos al Palacio Real de Madrid, el anarquista Mateo Morral esperaba su paso desde el balcón de la pensión en la que se hospedaba, ubicada en el tercer piso del número 88 (actualmente 84) de la calle Mayor. A las dos menos cinco de la tarde, cuando la carroza real pasaba bajo él, arrojó la bomba oculta en un ramo de flores. El ramo con la bomba tropezó en su caída con el tendido del tranvía y se desvió hacia la multitud que estaba observando la comitiva. Los reyes salieron ilesos, pero murieron 25 personas entre militares y civiles. Más de cien resultaron heridas. Otro artefacto, que no llegó a estallar, se encontró al otro lado de la calle, en Capitanía

-       11 de julio de 1908: La noche del 11 de julio de 1908, Anton Nilsson, un joven socialista revolucionario sueco colocó una bomba en el barco Amalthea marrado en el puerto de la ciudad sueca de Malmoe. En el barco se alojaban trabajadores ingleses contratados para contrarrestar una huelga de trabajadores suecos. El atentado causó un muerto y veintitrés heridos.

\-   1 de octubre de 1910: Los hermanos John J. McNamara y James B McNamara, ambos sindicalistas fueron detenidos por el atentado contra el diario Los Ángeles Times. Su acción causó la muerte a 21 personas y heridas a más de 100. James confesó ser el autor material y fue condenado a cadena perpetua.

\-   14 de septiembre de 1911: El primer ministro Pyotr Stolypin fue tiroteado por Dmitry Bogrov en la Opera de Kiev frente al Zar Nicolás II y dos de las princesas. Stolypin falleció cuatro días más tarde. El atentado tuvo como objeto sabotear un exitoso y popular plan de reforma del movimiento conservador y de ese modo acelerar la revolución.

\-   28 de junio de 1914: Asesinato del Archiduque Francisco Fernando y su esposa a manos de Gavilo Princip en Sarajevo.

Bibliografía

Carmen Tejera Pinilla, "La deriva terrorista del anarquismo en España: Del culto a la libertad a la acción violenta" Escuela de Arte de Algeciras, Cádiz (2018)

González Calleja, E. "La razón de la fuerza: orden público, subversión y violencia política en la España de la Restauración, (1875-1917)". Madrid, CSIC. (1998).

United Nations Office on Drugs and Crime, "Introduction to International Terrorism" Education for Justice University Module Series, Module 1. Viena (2018)

Juan Avilés, "La lógica del terrorismo: El caso de los atentados anarquistas en España, 1892-1897" UNED

Angel Herrerín Lopez, "1893: año clave del terrorismo en la España de la Restauración", UNED. (2008)

Nikolai Sitter, Dreyers Forlag, "The History of Terrorism: From Bakunin to the Islamic State", Oslo. (2017)

2. ORÍGENES Y EVOLUCIÓN DEL FENÓMENO TERRORISTA

Introducción

El fenómeno terrorista ha ido evolucionando a lo largo de la historia adaptándose tanto a la evolución política, como las diversas circunstancias que han ido conformando el mundo tal y como lo conocemos hoy día.

Si convenimos en situar el origen del terrorismo en su forma actual en la segunda mitad del siglo XIX, podemos observar cómo tanto las razones que han servido de base para el terrorismo como los métodos empleados han evolucionado del mismo modo en que lo ha hecho la política, la forma de hacer la guerra, las relaciones internacionales o cualquier otro aspecto de la condición social y humana.

Y en cada etapa se puede identificar un tipo de terrorismo predominante.

Del mismo modo y cuando nos referimos a la forma de actuar, los diversos grupos terroristas han ido adaptando la misma a los tiempos. No sólo condicionados por los cambios mencionados, sino por los avances técnicos, e incluso por las condicionantes morales predominantes en la sociedad en cada momento.

Evolución del fenómeno

El terrorismo es por encima de todo una herramienta, o si se quiere expresar de otra forma, una técnica. Esta técnica es tan antigua como la guerra en sí misma, si bien es cierto que comienza a tomar la forma actual entre mediados y finales del siglo XIX.

Como fenómeno político, el terrorismo es definido por la dualidad entre la ideología propia y su implementación. Y por el mismo motivo, es un fenómeno existente sólo dentro de un contexto histórico y cultural.

Durante más de tres décadas las actividades de los movimientos o grupos terroristas estaban íntimamente ligadas de forma mayoritaria a la ideología marxista. Por el contrario, los grupos terroristas de dicha ideología son una minoría hoy día. Esto nos demuestra un hecho inherente a la historia de los movimientos terroristas desde su inicio: todos han estado condicionados por el contexto político y social en el que surgieron, actuaron y desaparecieron.

A pesar de que el terrorismo es un fenómeno que está en un proceso continuo de evolución o reinvención, la falta de continuidad entre cada generación de terroristas con frecuencia implica una brecha ideológica o de fundamentos y forma de actuar con el pasado.

En la actualidad, la importancia del componente cultural es más claro en movimientos terroristas de inspiración religiosa que en aquellos de tendencia puramente ideológica o nacionalista.

Una organización terrorista es, por definición, una organización que se enfrenta al aparato del Estado. La naturaleza de esa oposición es la que marca el carácter del movimiento.

Si el aparato del Estado es en esencia racional, el movimiento terrorista tiene apelar principalmente a la parte emocional. Pero cuando la máquina del Estado actúa basándose en políticas realistas y teniendo en cuenta la correlación de fuerzas, los movimientos terroristas tienden a imbuir sus motivaciones de un fuerte tono moral, siempre acorde a la ideología en juego, y a vender la baza del fuerte contra el débil, confiando en el impacto sicológico de esta en su adversario.

Al terrorismo actual, algunos especialistas lo denominan *"bottom-up terrorism"* (terrorismo de abajo hacia arriba es la traducción literal), pero el opuesto, el *"top-down terrorism"*, que es lo que llamamos terrorismo de Estado, ha sido sin lugar a duda el más prevalente a lo largo de la historia. Este tuvo su época de esplendor durante el siglo pasado con la irrupción de los regímenes totalitarios. Y en términos de víctimas es este último el que ha causado un mayor número de ellas.

No obstante, en no pocas ocasiones, la frontera entre ambas formas de terrorismo es muy difusa. Como ejemplo tenemos la forma de actuar de Lenin antes de 1917 y después de hacerse con el poder. No es infrecuente hoy día ver como personajes que en el momento actual son considerados terroristas se convierten al tiempo en jefes de Estado con los cuales los gobiernos que antes les otorgaban tal consideración ahora han de relacionarse con ellos en el plano diplomático. Menahem Begin[15] es un ejemplo perfecto

Desde sus comienzos, los movimientos terroristas estuvieron sujetos a una permanente evolución o adaptación a la situación y a los tiempos.

Para este somero análisis de la evolución del fenómeno terrorista emplearemos la teoría de las "olas de terrorismo".

La revolución ha sido el objetivo primordial en cada una de las olas, la diferencia estriba en el modo diferente de entender dicha revolución. La mayor parte de los grupos terroristas entienden por revolución la secesión de un territorio o la autodeterminación. Ese principio, en base al cual cualquier pueblo debe poder gobernarse a sí mismo, fue afianzado por la Revolución Francesa y posteriormente por la americana. Las tres primeras olas tuvieron una duración aproximada de entre 40 y 45 años, pero la tercera fue en cierto modo acortada. El patrón seguido es asimilable al patrón del ciclo de la vida, en el cual los sueños o aspiraciones que inspiran a una generación

---

[15] **Menahem Beguin**: 16 de agosto de 1913. Sexto primer ministro de Israel. Negoció los Acuerdos de paz de Camp David con el presidente egipcio Muhammad Anwar Al-Sadat, por los que recibieron conjuntamente el Premio Nobel de la Paz en 1978. Miembro desde 1942 de la organización paramilitar Irgún Tzevaí Leumí, conocida como Etzel de la cual se convirtió en su líder en 1943. Responsable del atentado contra el Hotel Rey David de Jerusalén en 1946 que causó 91 muertos y de la matanza de más de 100 personas en la aldea árabe de Deir Yassin próxima a Jerusalén en 1948.

pierden su atractivo para la inmediatamente posterior. Pero es más que evidente que el ciclo de vida de las diferentes olas terroristas no tiene una correspondencia directa con el de las organizaciones que en cada una de ellas actuaron.

Por lo general los grupos terroristas han ido desapareciendo antes de que lo hiciera la ola en sí misma, aunque hay casos en los que ciertas organizaciones han sobrevivido a la ola con la que nacieron y a la que estaban asociados, adaptando en ocasiones sus procedimientos al nuevo momento que enfrentaban. Un caso claro es el IRA, que comenzó con la ola anticolonial en los años veinte y que ha estado operando hasta entrado el siglo XXI. Para poder tener una referencia, la media de vida de los grupos terroristas de la "Ola de la Nueva Izquierda" fue de dos años.

Pasaremos ahora a revisar algo más en detalle cada una de esas cuatro olas.

La ola Anarquista, aparecida a finales del siglo XIX y que se extendió durante aproximadamente cuarenta años.

Esta ola tuvo su punto de inflexión a comienzos de 1880 cuando el movimiento anarquista italiano se dividió en dos facciones (división que afectó a dicho movimiento en mayor o menor medida allí donde se había implantado). Una de ellas fue la rama revolucionaria y anarco-comunista, mientras que la otra estaba más próxima al socialismo de la época. La ruptura se hizo definitiva en 1892. A partir de ese momento, el anarquismo italiano, tan influyente en España, se partió en dos modelos diferentes basados en cómo llevar a cabo la acción de difundir su doctrina.

Por un lado, estaban aquellos que preconizaban la violencia y las acciones contra individuos concretos, lo que se denominó "propaganda por el hecho", los cuales no fueron especialmente satisfactorios a la hora de lograr el impacto y resultados que buscaban.

Al contrario que lo sucedido en el resto de Europa, donde esa tendencia terrorista del anarquismo fue en cierto modo limitada y de corta duración, en España los ataques continuaron ya entrado el siglo XX. Los actos individuales de violencia continuaron incluso después del establecimiento de un movimiento anarcosindicalista legal y pacífico.

Los objetivos, como se ha mencionado anteriormente fueron altos representantes de la política y el sistema, llegando incluso a atentarse contra el Rey. Pero el objetivo no era necesariamente desestabilizar la sociedad como sucedía por ejemplo en el caso de Rusia, cuya intención era provocar la respuesta del Estado para de ese modo poder denunciar las medidas desmesuradas que se tomaran. La intención en el caso español era que se relacionara claramente el ataque con su autor y con la doctrina en nombre de la cual había llevado a cabo tal acción para, de ese modo, forzar a la sociedad a conocer la fuerza e intensidad de la rabia y sentimientos revolucionarios que le habían servido de motivación.

En Francia sucedió algo totalmente diferente. El anarquismo pasó de actuar contra esos personajes significados que simbolizaban el sistema que consideraban opresor, a llevar a cabo acciones indiscriminadas contra lo que ellos consideraban la burguesía. Hicieron extensivo el origen de todos los males de la sociedad a una parte de esta, y por lo tanto la convirtieron en objetivo, llevando a cabo diversos ataques indiscriminados.

El representante de esta corriente se llamaba Emile Henry[16], y para justificar sus acciones afirmó que la burguesía no distinguía entre anarquistas fuera cual fuera su tendencia. Esta los perseguía en masa haciendo responsables a todos de las acciones de unos cuantos, actuando indiscriminadamente, y que por ese mismo motivo ellos actuaban igual.

Tenemos por tanto una ideología que en sus comienzos avala la violencia, pero de forma individual. Son acciones llevadas a cabo por personajes concretos, en nombre de un ideal, pero sin formar parte de una campaña organizada ni dirigida con unos objetivos definidos. Sólo se busca mediante la ejecución de la violencia contra los que consideran sus oponentes, crear conciencia revolucionaria, y como hemos visto en el caso español, en su última etapa ni eso. Sólo exteriorizar rabia e indignación.

---

[16] **Emile Henry**: Barcelona, 26 de septiembre de 1872. Anarquista franco-español. Tuvo un breve periodo de actividad dentro del movimiento, pero sus acciones, especialmente dos atentados con bomba en Paris, causaron gran conmoción y preocupación entre la alta burguesía de la época.

La ola Anti-Colonial, que se inicia en la segunda década del siglo XX y que para la década de los sesenta ya había desaparecido casi en su totalidad.

La firma del Tratado de Versalles al finalizar la Primera Guerra Mundial desató la chispa para esta segunda ola terrorista. Los imperios que habían sido derrotados fueron desmembrados aplicando el derecho de autodeterminación de los pueblos. En aquellos lugares donde la independencia no era algo inmediatamente viable, se entendió que su situación era algo transitorio y que tenían un mandato cuyo destino final era la independencia. Pero las potencias vencedoras no pudieron poner en marcha el proceso y la aplicación de ese principio sin suscitar preguntas e inquietudes sobre la legitimidad de sus propios imperios coloniales.

Las campañas terroristas de la ola anticolonial se llevaron a cabo en territorios donde coexistían diferentes puntos de vista entre la población local sobre la forma de gobierno a que aspiraban. La situación final deseada fue diferente entre los grupos de esta ola. El final de la colonización era el objetivo común, pero la mayor parte de las organizaciones nacidas a consecuencia de este nuevo conflicto territorial solo obtuvo parte de lo que buscaban.

Las tácticas empleadas por los grupos surgidos durante esta segunda ola difieren en varios aspectos con respecto a las que se usaron en la primera. El ataque a entidades representativas del poder económico o acciones como el robo de bancos fueron mucho menos frecuente, entre otros motivos porque la diáspora de aquellos pueblos que pretendían la independencia fue quien llevó el peso de la financiación de los movimientos terroristas.

Muy relevante fue la lección aprendida de las acciones llevadas a cabo con la finalidad de asesinar a prominentes figuras políticas. Este tipo de acciones, en la mayoría de las ocasiones era contraproducente. Una organización que se salió, podemos decir, del patrón adoptado y continuó con esta vieja práctica, fue el grupo Lehi[17]. Un grupo sionista revisionista al que los británicos llamaron la "Stern Gang". El tiempo demostró que fueron mucho menos eficaces que sus contemporáneos en la lucha por la independencia. La nueva estrategia se centró inicialmente en cometer asesinatos sistemáticos de miembros de las fuerzas de seguridad, que no eran sino los ojos y los oídos del gobierno de la metrópoli. El razonamiento de los terroristas era forzar a la metrópoli a sustituir a las fuerzas policiales por las militares, lo cual a su entender llevaría a un aumento de la violencia hacia la población en general cometiendo atrocidades que desatarían una ola de apoyo a sus intereses.

Estos grupos usaron tácticas de guerra de guerrillas contra las fuerzas militares, golpeando y huyendo para confundirse entre la población civil y así ocultar sus armas e identidades.

---

[17] **Grupo Lehi:** Fundado por Abraham Stern y denominado en sus orígenes como grupo Stern. También conocido como Leji. Es el acrónimo en hebreo de "Luchadores por la Libertad de Israel" ("Lojamei Jerut Israel"). Grupo paramilitar sionista radical escindido del Irgún al decidir estos últimos renunciar a la lucha armada contra los británicos durante la Segunda Guerra Mundial.

Operó clandestinamente en el Mandato británico de Palestina entre 1940 y 1948. Su objetivo principal era expulsar a los británicos de Palestina para permitir la libre inmigración de los judíos al país y crear un Estado judío. Los integrantes del Leji, que estaban enfrentados a las organizaciones centrales del Yishuv.

Las organizaciones anticoloniales buscaron una nueva forma de describirse a sí mismas. El término "terrorista" arrastraba demasiadas malas connotaciones por lo sucedido en décadas pasadas durante la fase álgida del movimiento anarquista.

Al finalizar la Segunda Guerra Mundial, con la desaparición de los últimos imperios europeos, los motivos que hicieron surgir a los grupos anticoloniales habían disminuido sensiblemente. Algunos grupos permanecieron activos, como fue el caso del IRA, pero el objetivo general de acabar con las potencias coloniales se había logrado.

En la que se conoce como tercera ola, o la "Ola de la Nueva Izquierda", el radicalismo se combina frecuentemente con el nacionalismo, como sucedió en el caso de España y la banda terrorista ETA, con el Ejército Secreto para la Liberación de Armenia, El Frente Corso de Liberación Nacional o el IRA.

La Guerra de Vietnam puede considerarse en cierto modo como el evento internacional que provocó esta tercera ola. Durante la década de los sesenta los grupos terroristas pusieron el foco en asumir una ideología alineada con las de la revolución marxista, tratando de derribar el vigente sistema capitalista

La eficacia del Viet Cong contra las tropas de EE. UU. creó una esperanza radical de que el sistema opresor occidental era vulnerable a los cambios. Nacieron bajo esa ideología grupos como las Brigadas rojas en Italia o la Facción Armada del Ejército Rojo en Alemania.

El "ethos" revolucionario de la ola de la Nueva izquierda trascendió las fronteras nacionales y creó puntos de unión y colaboración entre grupos terroristas que habían nacido de manera independiente.

Un panorama internacional dominado por la Guerra Fría y el creciente conflicto de Palestino sirvió para inflamar el mundo terrorista, y una organización como la OLP institucionalizó el entrenamiento de terroristas de diferentes grupos estableciendo campos de entrenamiento en El Líbano con el apoyo de algunos países árabes y de la Unión Soviética.

Algunos de estos nuevos grupos llevaron a cabo sus acciones sólo dentro de las fronteras de sus respectivos países, buscando objetivos de relevancia internacional principalmente asociados a EE. UU. Otros en cambio saltaron esas fronteras y operaron fuera de ellas en cooperación con terroristas de otros países. Podemos poner como ejemplo los atentados de Munich en 1972 durante las olimpiadas o el secuestro de los ministros de la OPEP en Viena en 1975. Esta puesta en común de recursos hizo renacer el concepto de "terrorismo internacional", que se usó para describir la nueva forma de operar y distinguir a los grupos que cooperaban entre sí desde comienzos del siglo XX.

Raptos, secuestros y toma de rehenes se convirtieron en las técnicas distintivas de este periodo. Como en la "Ola Anarquista", los terroristas de la "Nueva Izquierda" eligieron objetivos de alto nivel. El secuestro de aviones fue frecuentemente usado para obtener un gran número de rehenes para negociar. Como dato significativo, hay que señalar que en sólo tres décadas se produjeron más de 700 secuestros.

El secuestro comenzó siendo usado como una manera de ganar relevancia política y mediática, pero pronto se convirtió en una lucrativa forma de financiación, sobre todo cuando comprobaron como las grandes compañías comenzaron a asegurar a sus altos ejecutivos.

También la táctica de asesinar a jefes de Estado o figuras relevantes propias de la primera ola fue asumida en este periodo. El incidente más relevante fue el secuestro y asesinato del Primer ministro italiano Aldo Moro en 1979 a manos de las Brigadas Rojas después de que su gobierno se negara a negociar las condiciones impuestas para su liberación. Otros objetivos relevantes fueron el embajador británico en Irlanda, la primera ministra Margaret Thatcher y el rey Hussein de Jordania.

La diferencia con la "Ola Anarquista" la encontramos en los motivos. Si en la primera esas figuras relevantes eran tomadas como objetivo simplemente por el cargo que ocupaban, en la segunda el motivo era el castigo o venganza por las acciones o políticas llevadas a cabo en contra de la ideología o intereses del grupo.

En la evolución ideológica que fueron sufriendo estos grupos, el patrón, en cierto modo, recuerda a los anarquistas de la primera ola, cuando asumían como propias ciertas aspiraciones nacionalistas. A pesar de ciertos fracasos iniciales, esa alianza o asunción de nuevos postulados salió adelante debido a que la autodeterminación siempre es un reclamo a más largo plazo que el radicalismo ideológico revolucionario. No obstante, la mayor parte de estos grupos cosecharon un gran fracaso pronto. Y los que siguieron adelante no llegaron muy lejos, entre otros motivos, porque los países afectados, Turquía, España y Francia, no se consideraban en esos casos potencias coloniales (tampoco los consideró así la comunidad internacional) lo cual no les proporcionó a los separatistas la ambivalencia necesaria para ganar su lucha.

La tercera ola comenzó a decaer a finales de la década de los ochenta con el final de la Guerra Fría. La eficacia de los grupos terroristas decreció por su incapacidad de negociar las demandas impuestas por diferentes actores internacionales. Tratar de operar compitiendo con las necesidades de otros grupos los llevó a descuidar sus bases domésticas, y eso unido a la resistencia de la comunidad internacional a las demandas de los grupos terroristas y la reticencia cada vez mayor a llevar a cabo negociaciones de cualquier tipo con estos grupos, llevaron a la progresiva disipación de los movimientos de la "Nueva Izquierda".

La aparición de la cuarta ola u "Ola Religiosa" solapa con el final de la tercera, pues aparece en la década de los setenta. Esta ola tiene grandes diferencias con sus predecesoras, y se caracteriza, y es de donde toma su nombre, porque por primera vez, el elemento inspirador y motivador de los grupos terroristas se basa en las creencias religiosas y no en alcanzar objetivos políticos, aunque como veremos ese hecho también ha evolucionado y tiene sus matices donde lo político y lo religioso se entremezclan.

El modelo de Rapoport otorga a las tres primeras olas un ciclo de vida de aproximadamente 40 años, pero ese dato por sí sólo no aporta pruebas de que esto vaya a ser el patrón de la "Ola Religiosa". Es más, la aparición de al Qaeda y con posterioridad del fenómeno del DAESH, hacen pensar que la violencia motivada por el fundamentalismo religioso no está en retroceso y podría continuar siendo la fuerza dominante en el terrorismo internacional durante mucho tiempo.

En las tres fases previas la identidad religiosa, o la ausencia de esta, era en cierto modo importante; la identidad étnica o religiosa con frecuencia se superponen, como es el caso de Armenia, Macedonia, Chipre, Israel, Palestina, etc. Pero el objetivo anterior era crear estados soberanos seculares, en principio no muy diferentes a los ya presentes en el concierto internacional.

La religión sin embargo presenta un enorme elemento diferenciador en esta fase, sustituyendo justificaciones para tomar el camino del terrorismo y organizando los principios del nuevo mundo que se pretende establecer. El hecho religioso otorga a esta ola una fuerza sin precedentes y unas propiedades y características únicas.

La "Ola Religiosa" fue consecuencia de tres eventos principales en el mundo islámico: La revolución de los ayatolás en Irán, el comienzo de un nuevo siglo en el calendario islámico y la invasión Soviética de Afganistán. Esos tres elementos allanaron el camino para que el fundamentalismo religioso se abriera paso eclipsando ideologías políticas y seculares que habían sido el motor de las olas previas.

Los grupos de esta cuarta ola han recurrido mucho más que sus predecesores de la "Nueva Izquierda" a ataques masivos e indiscriminados contra instalaciones gubernamentales y militares e incluso contra centros religiosos o concentraciones de personas de corrientes opuestas a la que profesada por los actuantes. Instalaciones pertenecientes a EE. UU. en particular han sido objetivos frecuentes. Una emboscada en Somalia que derivó en la conocida como "Batalla de Mogadiscio" forzó a las fuerzas norteamericanas a abandonar el país, después de haber abandonado ya el Líbano. Ataques suicidas contra puestos militares en Yemen, Arabia Saudí e incluso contra un destructor de la US Navy fueron acciones que quedaron sin respuesta. De un modo similar, las embajadas americanas en Kenia y Tanzania fueron atacadas causando un gran número de bajas entre la población civil. Y a estos ataques se pueden añadir decenas de atentados contra mezquitas, mercados, centros de reunión, colegios electorales, etc. etc.

En 1993 tuvo lugar el primer ataque exitoso de terroristas extranjeros en suelo americano, su objetivo fue el World Trade

Center[18]. Después de este, diversos intentos infructuosos buscaron de nuevo atacar en EE. UU. hasta que el 11 de septiembre de 2001 y tras el ataque que derribó las torres gemelas se inició lo que se denominó "la guerra contra el terrorismo".

Esta cuarta ola ha visto surgir una organización con un propósito y un patrón de reclutamiento únicos en la historia del terrorismo: Al Qaeda, liderada y financiada hasta su muerte a manos de un equipo de operaciones especiales norteamericano, por el saudí Osama Bin Laden[19]. Su objetivo, crear un solo Estado para todos los musulmanes, un Estado que ya existió siglos atrás y que fuese gobernado por la Sharía o ley islámica.

Su llamada caló en las comunidades suníes de Oriente Medio, África y Asia. Hasta ese momento, cada organización terrorista reclutaba a sus militantes en su propio país, en cambio Al Qaeda reclutó miembros de todas las comunidades suníes, incluyendo aquellos que se habían establecido en occidente.

---

[18] **Viernes 26 de febrero de 1993**. Un camión que portaba 680 kg de explosivos hizo explosión a en el aparcamiento de la Torre Norte, situado en el subsuelo del complejo. El objetivo era la torre norte y que ésta impactara en la torre sur derribando a ambas. El atentado falló y finalmente seis personas fallecieron y más de mil resultaron heridas. La acción fue planeada por un grupo del que formaban parte Ramzi Yousef, Sheik Omar Abdel-Rahman, El Sayyid Nosair, Mahmud Abouhalima, Mohammad Salameh, Nidal Ayyad, Ahmad Ajaj y Abdul Rahman Yasin y financiado por un miembro de Al Qaeda que operaba en Afganistán, Khaled Shaikh Mohammed, que a su vez era tío de Yousef.

[19] **Osama bin Laden**: Riad, 10 de marzo de 1957. Decimoséptimo hijo de Mohammad bin Awad bin Laden, uno de los empresarios de la construcción más ricos de Arabia Saudí. Creció instruido en la corriente wahabí del islam. Asistió a escuelas de alto nivel y a la universidad. Junto con sus hermanos heredó el imperio industrial de su padre, el Grupo Saudi Binladin. Entre agosto de 1988 y finales de 1989 creó una red terrorista conocida como al Qaeda (la Base), formada en gran medida por militantes musulmanes que Bin Laden había conocido en Afganistán.

Los grupos islamistas violentos son el corazón de la "Ola Religiosa", y han sido los responsables de los ataques más significativos a nivel mundial desde la década de los noventa. Eso sí, no han sido las únicas organizaciones terroristas religiosas que han recurrido a la violencia para lograr sus objetivos. Grupos como Boko Haram, Al Qaeda, Hezbollah y más recientemente el Daesh han recibido casi toda la atención desde el comienzo de esta etapa, pero otras organizaciones terroristas también han usado la fe para justificar sus acciones violentas. Terroristas judíos han usado la violencia en Israel, atacando objetivos musulmanes y llegando a asesinar al primer ministro Isaac Rabin en 1995. Otros grupos notables integrantes de la cuarta ola son el Ejército de Resistencia del Señor, grupo rebelde de religión cristiana que opera en África y tristemente conocido por arrasar aldeas enteras y secuestrar niños para usarlos como combatientes, y el grupo Aum Shinrikyo, de culto budista – hinduista responsable de un atentado con gas nervioso en el metro de Tokio en 1995.

En lo que se refiere a las tácticas empleadas, la cuarta ola ha dejado de lado las más usadas en la tercera, tales como secuestros y toma de rehenes, empleando los ataques suicidas como la forma más habitual de actuación. Esta innovación táctica es extremadamente letal, puede emplearse en cualquier medio y circunstancia, y sus consecuencias son mucho más terribles, causando por lo general gran número de víctimas. El empleo de terroristas suicidas retoma el recurso del martirio empleado por los anarquistas de la primera ola. La propaganda anarquista resaltaba que la muerte de un revolucionario durante una acción en beneficio de la causa era algo noble, y que ese último sacrificio era la mejor manera de demostrar su total entrega a la misma. Este paralelismo no deja de ser un factor sorprendente, pero a su vez pone sobre la mesa el hecho de la existencia de un hilo conductor dentro de un fenómeno con siglos de existencia, pero para el que paradójicamente, aún no se le ha podido encontrar una definición concreta común para describirlo.

A pesar de que la tradicional visión que tenemos de estas acciones nos lleva a pensar que sólo una aspiración tan alta como las recompensas del paraíso pueden inspirar tales actos, los ataques suicidas también han sido empleados por grupos seculares, incluyendo por ejemplo a los Tigres Tamiles de Liberación en Sri Lanka. Durante un periodo de trece años recurrieron a esa técnica en 171 ocasiones, incluyendo la que acabó con la vida del primer ministro indio Rajiv Gandhi en 1991 y con el presidente de Sri Lanka Ranasinghe Premadasa en 1993. A este grupo se le atribuye también la "invención" de los cinturones explosivos y se le considera además pionero en el empleo de mujeres para cometer ataques suicidas.

Otro elemento característico de esta ola es la significativa disminución del número de organizaciones terroristas. De los aproximadamente 200 grupos activos en la década de los ochenta en poco más de una década el número se ha reducido a unos cuarenta, algo que puede atribuirse al cambio en la base inspiradora del terrorismo, que como hemos visto ha pasado de ser de corte nacionalista a religioso.

Las principales comunidades religiosas tienen una masa crítica de seguidores mucho mayor que cualquier organización nacionalista, proporcionando a las facciones extremistas muchas más opciones de reclutamiento. Los movimientos terroristas seculares provienen principalmente de países de religión cristiana, pero esta religión tiene más divisiones y diferentes escisiones que la mayoría, lo cual da como resultado una base algo más débil y fracturada.

Si exceptuamos el ataque en Oklahoma[20], la violencia de base cristiana ha sido mínima durante la "Ola Religiosa". Un dato incontestable es que las actividades terroristas de inspiración religiosa, con excepción del extremismo islámico han desaparecido virtualmente del escenario internacional desde los ataques del 11 de septiembre.

Otro apunte muy interesante es que, durante las dos primeras décadas de esta etapa, los Estados con población de mayoría musulmana fueron los que sufrieron el mayor número de

---

[20] **19 de abril de 1995**: Ataque terrorista explosivo perpetrado por Timothy McVeigh y Terry Nichols contra el Edificio Federal Alfred P. Murrah, ubicado en el centro de la ciudad estadounidense de Oklahoma City. Fue considerado el acto terrorista más grave ocurrido en territorio de Estados Unidos hasta los atentados del 11 de septiembre de 2001. La explosión de una furgoneta cargada con 2300 kg de explosivo casero causó la muerte de 168 personas e hirió a más de 680. En el juicio se concluyó que la motivación del atentado fue vengar los asedios de Waco y Ruby Ridge. En ambos casos, McVeigh culpaba a los agentes federales del Gobierno de las muertes violentas que allí se produjeron.

ataques terroristas. Por el contrario, en la segunda parte de este periodo han sido los Estados no musulmanes u occidentales lo que han experimentado un repunte significativo de ataques dentro de sus fronteras.

Todas las organizaciones terroristas tienen en su historial hechos de muerte y destrucción, pero los grupos religiosos de la cuarta ola han sido de lejos los más letales. El extremismo religioso ha causado más bajas que cualquier grupo terrorista movido por otra motivación, exhibiendo además un denodado interés por violar todas las normas sociales, apartarse de ellas y mantenerse al margen de los sistemas sociales actuales y las leyes que rigen en los Estados laicos. De hecho, el objetivo último de los principales grupos radicales islamistas es destruir y reemplazar el modelo de Estado surgido tras la paz de Westfalia por un Califato libre de cualquier influencia occidental. Los terroristas que actúan por una motivación religiosa creen que están inmersos en una lucha por el poder entre el bien y el mal, lo cual implica la necesidad de eliminar lo que ellos consideran objetivos legítimos por ser encarnación del mal en una guerra sin cuartel y sin final. Esto los lleva a deshumanizar a sus víctimas, lo cual hace mucho más fácil llevar a cabo cualquier tipo de ataque.

La desconexión emocional que se produce entre sus acciones y sus víctimas permite a los extremistas religiosos violentos tener menos reparos a su forma de actuar, ya que no tienen en consideración cualquier reacción humana y están convencidos de estar llevando a cabo los designios de su divinidad.

Tienen la firme creencia de que la religión les proporciona la superioridad moral necesaria para ejercer la violencia, y al equiparar sus acciones a esa lucha entre su dios y el diablo, ciertos actores políticos llegan a avalar esa forma de pensar que justifica el empleo de cualquier medio por violento que sea.

La realidad actual es que estamos inmersos en la que hasta ahora ha sido la etapa más violenta de la historia del terrorismo. Esta "Ola Religiosa" ha convertido el movimiento terrorista en un fenómeno global o, mejor dicho, transnacional que por primera vez afecta a todos por igual, que no duda en emplear todos los medios a su alcance y que, muy probablemente romperá el patrón temporal seguido por las olas anteriores.

Tácticas, técnicas y procedimientos

Tomando como referencia de nuevo la teoría de las olas de Rapoport vemos como en cada etapa del movimiento terrorista los métodos empleados por estos han ido cambiando. Utilizando unos u otros según la ideología de los grupos, la finalidad de su lucha y, aunque pueda parecer incongruente e incluso hipócrita, adaptándolos a los condicionantes sociales y morales de cada época. Se da incluso la circunstancia de que formas de actuar empleadas en una etapa y dejadas de lado en la siguiente han sido retomadas casi un siglo después. Evidentemente los avances tecnológicos también han contribuido a la evolución tanto de las tácticas como de las técnicas empleadas, así como la progresiva globalización. Este hecho, tan positivo para el desarrollo tiene su cara b, y es que, igual que facilita relaciones e intercambios comerciales y de información o servicios casi sin trabas y a una velocidad hasta hace poco impensable, permite lo mismo para la comisión de todo tipo de actividades ilegales, y el terrorismo no es una excepción.

Especialmente interesante es el caso de los ataques suicidas. Durante la "Ola Anarquista" morir por la causa era una demostración de entrega a la misma y una manera de remover conciencias para lograr adeptos. El objetivo no era inmolarse sin más. Hemos de verlo más como la determinación de llevar a cabo el ataque aun a sabiendas de que el atacante no tenía opción de escapar, lo cual lo convertiría en cierto modo en un mártir. Esta manera de actuar desapareció en la segunda y tercera ola, entre otros motivos por una razón pragmática: el reclutamiento de miembros era mucho menor y perder a un elemento en una acción no era rentable para las organizaciones terroristas.

Pero en la "Ola Religiosa" que estamos viviendo esa técnica se ha recuperado. No en el sentido en que era empleada por los anarquistas, pues ahora el atacante si pretende morir, busca conscientemente inmolarse por el convencimiento de que de esa forma alcanzará la gloria del paraíso. El punto en común con la primera ola lo encontramos en la parte propagandística o martírica del hecho, que sirve de ejemplo para otros y ayuda a reclutar nuevos miembros. Y otro factor determinante es la gran masa crítica que tienen los movimientos religiosos extremistas, lo cual les permite no considerar a esos "combatientes de a pie" un recurso crítico, por lo que perderlos durante el transcurso de una acción les compensa por el incremento que supone este tipo de ataques en el número de bajas que causan y el impacto mediático que suponen.

Al contrario de la visión del terrorismo que se difunde a través de los medios de comunicación, la mayor parte de los ataques dependen de la facilidad con que estos grupos puedan acceder al equipamiento y armamento adecuados. Como es obvio, los medios más profusamente empleados son los explosivos y las armas de fuego. El 80% de los ataques emplean unas u otros. Los explosivos más usados son aquellos de más fácil acceso, especialmente la dinamita (relativamente accesible mediante robos en explotaciones mineras), granadas de mano (procedentes del mercado negro, pequeñas poco pesadas y fáciles de transportar y ocultar), granadas de mortero (procedentes de cualquiera de las decenas de zonas de conflicto) y algo muy característico de la cuarta ola, los artefactos explosivos improvisados (IED) construidos con explosivos caseros que son fabricados por los propios terroristas (tenemos dos ejemplos muy claros: el famoso amonal, usado en España por la banda terrorista ETA y el TATP característico de los atentados de radicalistas islámicos).

La evolución de las tácticas empleadas ha estado condicionada por dos elementos principales, uno, el fundamental, los objetivos de los grupos terroristas. No el objetivo concreto a batir sino el objetivo final de su lucha, y otro la disponibilidad o accesibilidad al equipo adecuado.

Cuando en el periodo anarquista se buscaba la eliminación de figuras concretas y prominentes, los ataques con arma de fuego o incluso con arma blanca eran la tónica habitual, requiriendo ello además un contacto casi directo con la víctima y provocando casi de facto la captura o muerte del atacante (buscando ese martirio del que ya hemos hablado). Incluso los ataques con artefactos explosivos eran llevados a cabo con dispositivos de pequeña potencia (uno de los más comunes fue la bomba "Orsini). Sólo cuando se produjo el cambio en el seno del movimiento y se tomó a toda la burguesía como objetivo se emplearon artefactos de más potencia con la finalidad de causar más víctimas de manera indiscriminada.

Durante la segunda ola las tácticas evolucionaron hacia lo más parecido a una guerra de guerrillas, empleando principalmente armas de fuego y dándose en no pocas ocasiones enfrentamiento casi de corte militar. No hay que olvidar que gran parte de los componentes de los movimientos terroristas eran ex combatientes de la Primera Guerra Mundial con formación militar y experiencia en combate.

La tercera ola, en su primera parte retomó en cierto modo las tácticas de la primera, buscando atentados más selectivos y de gran impacto mediático. Los grupos trataron de medir muy bien las consecuencias de sus acciones para que estas no resultaran contraproducentes. Pero la manipulación de los grupos terroristas por las potencias en litigio durante la Guerra Fría, que los usaron como lo que hoy conocemos como "proxies" para combatir a su oponente desestabilizando al bloque opuesto o tratando de derrocar o instaurar gobiernos de un signo u otro llevó a la realización de acciones cada vez más violentas e indiscriminadas. En esta etapa el acceso a armas y explosivos lo garantizaba el bloque que les apoyaba, así como el necesario apoyo financiero. Durante la segunda mitad de la "Ola de la Nueva Izquierda", y con la "internacionalización" del terrorismo, la cooperación entre algunos movimientos y la aparición del fenómeno religioso como catalizador, se produjo un salto cualitativo y comenzaron a ser habituales el empleo de técnicas como el coche bomba, sistema del todo indiscriminado que buscaba causar cuantas más víctimas mejor. La violencia se hizo más extrema, especialmente en los grupos de corte nacionalista y en los nuevos de motivación religiosa que comenzaban a surgir.

Con la aparición de la "Ola Religiosa", las técnicas y tácticas empleadas sufrieron una nueva y compleja evolución. Los ataques aumentaron en violencia. La mayoría de los integrantes de estos grupos poseen experiencia militar previa de su participación en conflictos armados en sus zonas de origen. El empleo de armas de guerra tales como fusiles de asalto o granadas de mano se convierte en algo común. La aparición de terroristas suicidas es otro cambio significativo de esta fase en cuanto a los modos de actuación se refiere. Pero el avance más significativo lo representa la ejecución de ataques complejos e indiscriminados contra la población civil donde se combina el empleo de explosivos, por lo general por terroristas suicidas, con ataques con armas de guerra. Un ejemplo lo tenemos en los atentados de París en noviembre de 2015.

El empleo de otros recursos tales como armas químicas, biológicas o radiactivas han sido esporádico y poco significativo, siendo la acción más conocida el atentado contra el metro de Tokio en 1995[21]. No obstante, es una opción que no se puede descartar. De hecho, han sido varios los intentos por parte de estos grupos de hacerse con el material necesario para la confección de dispositivos con dichas características. La complejidad a la hora de manipular los componentes necesarios y la necesidad de personal muy experto y cualificado han sido

---

[21] **20 de marzo de 1995:** Ataque terrorista perpetrado por miembros del grupo Aum Shinrikyō, liderado por Shōkō Asahara, fundador de este. En 1992 publicó un libro en el que se declaró a sí mismo como "Cristo", el único maestro completamente ilustrado e identificado como el "Cordero de Dios". Esbozó una profecía del fin del mundo, que incluía una Tercera Guerra Mundial y describía un conflicto final que culminaría en un Armagedón nuclear, tomando prestado el término del Apocalipsis. En cinco ataques coordinados, los autores liberaron gas sarín en varias líneas del Metro de Tokio. Como resultado, trece personas fueron asesinadas, cincuenta quedaron gravemente heridas y casi mil presentaron problemas temporales de visión. El ataque fue dirigido contra trenes que pasaban entre Kasumigaseki y Nagatachō, sede del gobierno y la policía de Japón. El grupo, ya había llevado a cabo varios asesinatos y ataques terroristas con sarín, incluido el denominado incidente de Matsumoto, nueve meses antes, que acabó con la vida de 8 personas.

hasta el momento los mayores frenos a su uso, el cual no es descartable en cualquier momento dado la idiosincrasia del terrorismo típico de esta cuarta ola.

Bibliografía

Erin Walls, B.A. "Waves of Modern Terrorism: Examining the past and predicting the future". Georgetown University Washington, D.C. (2017)

Thorup, Mikkel. "An Intellectual History of Terror: War, Violence and the State." Routledge New York. (2010)

Smith, Paul J. "The Terrorism Ahead: Confronting Transnational Violence in the Twenty-First Century", New York: M.E. Sharpe. (2008)

Rapoport, David, C. "Terrorism." In Encyclopedia of Violence, Peace and Conflict. (2008)

Roxana Simus, "The evolution of terrorism", Police Academy Bucureşti, România. (2016)

David Rapoport, "Four Waves or Rebel Terror and September 11", Antropoethics, vol. 8, no. 1. (2002)

3. TIPOLOGÍA DEL TERRORISMO

Introducción

Desde su aparición en su forma moderna, el terrorismo ha ido evolucionando y adoptando diversas facetas, principalmente condicionadas por la motivación asociada al fenómeno.

No todos los movimientos terroristas se han desarrollado de la misma forma ni han asumido el mismo tipo de acciones. En función de su tipología e incluso ideología han adaptado el modo de actuar a sus fines, condicionando de esa forma su actividad y llegando a la "hipocresía" de considerar legitimas según qué tipo de acciones violentas.

Los fines buscados pueden ser políticos, religiosos, culturales o lisa y llanamente la toma del poder por un medio totalmente ilícito.

En su forma moderna, el terrorismo sistemático recibió un gran impulso a finales del siglo XVIII y durante el siglo XIX, con la propagación de ideologías y nacionalismos seculares tras la Revolución Francesa.

Desde entonces, se ha usado el término para describir las formas más inimaginables de violencia.

El terrorismo como arma política

Cuando profundizamos en el fenómeno terrorista descubrimos que la intención primigenia de todos los movimientos de este tipo es política. Mediante el uso de la violencia se pretende lograr un objetivo que siempre en mayor o menor medida se puede considerar político. Incluso cuando la motivación inicial se nos presenta como religiosa, tal es el caso del terrorismo yihadista, en el fondo incluso este tipo de terrorismo busca un cambio de régimen, en este caso hasta llegar a un régimen teocrático, lo cual no deja de ser un fin político.

Es necesario en este punto, ejemplo paradigmático del uso del terrorismo como arma política, citar a Karl Marx, que se declaró partidario de la violencia terrorista como motor del cambio social y sostuvo que no se podía concretar un proyecto de sociedad más que por una insurrección violenta.

Posiblemente, uno de los más importantes grupos terroristas de la Historia, ha sido el Narodnaya Volya (Voluntad Popular), que actuó en Rusia desde enero de 1878 hasta marzo de 1881, desarrollando una activa campaña contra las autoridades zaristas. Su principal líder, Morozov[22], sostenía que el terrorismo era una nueva forma de lucha preferible a una matanza generalizada, producto de una insurrección en masa.

---

[22]**Nikolai Alexandrovich Morozov**: 07 de julio de 1854. Revolucionario ruso. Llegó a ser académico, publicando obras en diversos campos de la ciencia y la historia. Fue así mismo pionero de la aviación en Rusia. A la edad de 88 años, sirvió brevemente en el Ejército Rojo como francotirador durante la Segunda Guerra Mundial, convirtiéndose en el combatiente más viejo conocido de la guerra. Durante el periodo zarista pasó unos 25 años en prisión por sus actividades revolucionarias. Fue miembro del grupo Zemlya i volya (Tierra y Libertad), del que fue cofundador junto a con Sergei Kravchinsky). Cuando el grupo se enfrentó a una crisis interna sobre las tácticas, se produjo una escisión en agosto de 1879. Morozov rechazó el uso continuado de la propaganda para lograr el cambio social y, en su lugar, abogó por el uso de la acción directa. Se unió a la más radical de las dos facciones, Narodnaya Volya, o Voluntad Popular, y acabó convirtiéndose en uno de sus líderes.

En toda Europa, a finales del siglo XIX, los partidarios del anarquismo realizaron ataques terroristas contra altos mandatarios e incluso ciudadanos corrientes.

El nacionalismo imperialista que en Japón condujo a la restauración Meiji[23] en 1868 estuvo acompañado de frecuentes ataques terroristas al shogunado Tokugawa.

En el sur de Estados Unidos de América, se creó el Ku Klux Klan tras la derrota de la Confederación Sudista en la guerra civil estadounidense (1861-1865) para aterrorizar a los antiguos esclavos y a los representantes de las administraciones de la reconstrucción impuesta por el Gobierno Federal.

En el siglo XX, grupos como la Organización Revolucionaria Interna de Macedonia, la Ustashi croata, y el Ejército Republicano Irlandés (IRA) realizaron a menudo sus actividades terroristas más allá de las fronteras de sus respectivos países. A veces recibían el apoyo de gobiernos ya establecidos, como fue el caso de Bulgaria e Italia bajo el líder fascista Benito Mussolini.

Este tipo de terrorismo nacionalista apoyado por el Estado provocó el asesinato de Francisco Fernando de Habsburgo en

---

[23] **Restauración Meiji**: Meiji Bakumatsu no Dōran (fin del régimen del shōgun). Sucesión política que llevó al Shogunato Tokugawa a su final para renovar el poder de gobierno de Japón cedido a la figura del shōgun durante el shogunato Kamakura. Este régimen era muy parecido al feudalismo europeo: el emperador (que se creía que descendía de los dioses) no tenía el poder real, sino que dependía del daimyō (señor feudal o hacendado de familias importantes) más importante. Este se titulaba shōgun, que es el mayor rango que un daimyō podía obtener. Los eventos que condujeron a este cambio en la estructura de la política y social de Japón se concentran en el período comprendido de 1868 a 1912. Durante esta época que quedaron abolidos los privilegios especiales de los samuráis, y se dio entre otros cambios la posibilidad a la población de traer apellido (privilegio hasta entonces de la aristocracia).

Sarajevo en el año 1914, lo que dio origen a la Primera Guerra Mundial.

La inestabilidad política existente durante las décadas de 1920 y 1930 dio pie a frecuentes actividades terroristas. Tanto el fascismo como el comunismo utilizaron el terrorismo como instrumento de su política, contando con defensores entusiastas como Trotski[24] y Georges Sorel[25] (quién representó intermitentemente ambos extremos del espectro político).

Durante las luchas coloniales ocurridas después de la Segunda Guerra Mundial, se empleó nuevamente el terrorismo, teniendo estas guerras como particularidad la identificación como objetivos legítimos a todo aquel que no participaba en la lucha anticolonial. Es decir, se identificó por primera vez como blanco a la población civil en general como medio de presión a favor de los fines de los movimientos anticoloniales.

---

[24]**Lev Davídovich Bronstein:**27 de octubre de 1879. Más conocido como Lev Trotski. Político y revolucionario ruso de origen judío. Inicialmente simpatizó con los mencheviques, lo que le llevó a tener disputas ideológicas y personales con el líder bolchevique, Vladímir Lenin. Fue uno de los organizadores clave de la Revolución de Octubre, que permitió a los bolcheviques tomar el poder en noviembre de 1917 en Rusia. Durante la guerra civil que siguió a la revolución de octubre desempeñó el cargo de comisario de asuntos militares. Tuvo serias diferencias políticas e ideológicas con Stalin, liderando la oposición de izquierda, lo que le causó el exilio y posterior asesinato. Tras su exilio de la Unión Soviética, fue el líder de un movimiento internacional de izquierda revolucionaria identificado con el nombre de trotskismo, cuya principal característica era la idea de la «revolución permanente». En 1938, fundó la Cuarta Internacional.
Murió asesinado en México por Ramón Mercader, un agente español de la NKVD soviética, por orden de Stalin.

[25] **George Sorel**: 2 de noviembre de 1847. Filósofo francés y teórico del sindicalismo revolucionario, que desarrolló sus nociones del mito y la violencia en el proceso histórico. Fundó teóricamente el sindicalismo revolucionario como una corriente sindical diferente del socialismo, del anarquismo y del comunismo. Suele ser asociado tanto al fascismo como al anarquismo. Por sus reflexiones sobre la violencia suele ser asociado al terrorismo.

Si bien existen diversas teorías de clasificación del terrorismo, vamos a presentar una clasificación muy básica pero útil, dejando patente que no pretende efectuar diferenciación alguna respecto a la criminalidad o legalidad de ellos:

• *Terrorismo de Estado*: es el desarrollado con el fin de la conservación del poder de un grupo dominante, se puede citar como ejemplo los regímenes del terror implantados por Hitler, Stalin y Mao.

• *Terrorismo revolucionario*: es el encaminado a la conquista del poder mediante la destrucción de las estructuras políticas, económicas y sociales existentes en un Estado. Como ejemplo, podríamos citar los diferentes movimientos guerrilleros que durante las últimas décadas del siglo pasado y a comienzos de este operaron en Latinoamérica.

• *Terrorismo independentista o separatista*: es el que busca la separación de una región o una etnia de un Estado, se puede citar como ejemplo a ETA o al IRA.

• *Terrorismo social*: es el terrorismo desarrollado con el objetivo de lograr reivindicaciones laborales y sociales.

• *Terrorismo militar*: es el realizado por un ejército de ocupación con la finalidad de exterminar a la población local, se puede citar como ejemplo la actuación de las SS y el Ejército

Rojo en la Segunda Guerra Mundial. O la del ejército japonés en su guerra con China.

• *Terrorismo religioso*: es el realizado en defensa de una fe o en la creencia de cumplir designios divinos de algún tipo, como por ejemplo el grupo japonés Aum Shirynkio, que realizó los atentados con gas sarín en el «metro» de Tokio o los grupos fundamentalistas islámicos.

• *Terrorismo internacional*: es el terrorismo de cualquier tipo que lleva la lucha fuera de las fronteras de un Estado, se puede decir que es la «globalización» del terrorismo. Esta tipificación es siempre una derivada de cualquiera de las anteriormente descritas.

Si prestamos atención a los diferentes tipos de terrorismo apuntados, en todos ellos subyace de un modo u otro una finalidad política. Esto no es óbice para que los grupos terroristas, en su evolución particular, acaben teniendo otras derivadas en sus motivaciones que vayan más allá de las meramente políticas o que se desvíen en parte o totalmente de su finalidad original. Es más, tampoco es extraño que, como consecuencia de esa evolución, consustancial a cualquier organización, lo que inicialmente era una finalidad termine siendo una excusa o "tapadera" para sostener o mantener un modo de vida (esto es especialmente habitual en aquellos grupos cuya existencia se ha prolongado mucho en el tiempo). Como tampoco lo es que en no pocas ocasiones sea difícil distinguir entre actividades terroristas y las meramente criminales o delincuenciales.

Del mismo modo que a finales del siglo XIX y comienzos del XX predominó un tipo de terrorismo revolucionario y anarquista, con el fin de la segunda Guerra Mundial y la instauración de un nuevo orden mundial basado en dos bloques, el terrorismo sufrió un cambio radical propiciado en gran medida por la lucha entre dichos bloques, que usaron a diferentes grupos terroristas como "proxies" para evitar la expansión del bloque contrario tratando de derrocar mediante dichos métodos a regímenes no afines e implantar otros más próximos a su ideología.

Los orígenes de la ola terrorista que se inició en la década de los años sesenta pueden remontarse al conflicto surgido en Oriente Próximo en la década de los cuarenta con la creación del Estado de Israel y el enfrentamiento de las naciones árabes contra el país judío. A finales de la década de los años cuarenta, algunos radicales judíos, como la banda Stern y el Irgun Leumi, utilizaron el terrorismo contra las comunidades árabes y otros grupos en su lucha por la independencia de Israel. Durante la década de los sesenta, sus adversarios árabes decidieron utilizar el terrorismo de forma mucho más sistemática. La expulsión de guerrillas palestinas de Jordania en septiembre del año 1970 tuvo como consecuencia la creación de un brazo terrorista extremista llamado Septiembre Negro.

La Organización para la Liberación de Palestina (OLP) llevo a cabo operaciones terroristas tanto en Israel como en diversos países del mundo. El terrorismo internacional con base palestina disminuyó durante la década de los ochenta, en un esfuerzo de la OLP por ganarse el apoyo mundial hacia su causa, pero surgieron nuevas formas relacionadas con el triunfo de la revolución en Irán y el auge del fundamentalismo islámico.

No obstante, esta variante terrorista característica de la segunda mitad del siglo XX no estuvo libre de su utilización por las potencias líderes de ambos bloques, especialmente por los regímenes comunistas, que en no pocas ocasiones prestaron apoyo logístico, financiero y material así como protección a los numerosos grupos pro-palestinos con la finalidad de debilitar al bloque occidental y de usarlos como precursores o catalizadores de su ideología política, logrando en ocasiones la colaboración entre estos grupos árabes y otros nacidos en el seno de Europa occidental.

Pero el terrorismo de corte árabe no se ciñó sólo al ámbito europeo, llegando a golpear incluso en Iberoamérica como cuando en el año 1994 un atentado contra la Asociación Mutual Israelí de la Argentina (AMIA) se cobró centenares de víctimas, entre muertos y heridos.

En la década de los noventa comenzó a surgir un nuevo tipo de terrorismo de corte fundamentalista religioso, en este caso dirigido contra el gobierno socialista de Argelia, que desembocó en una cruenta guerra civil en la que tanto el Gobierno como los radicales islámicos extendían el terror a través de una brutal violencia. El avance del terrorismo más allá de Oriente Medio en la década de los años sesenta fue evidente en las tres naciones industrializadas en las que la transición del autoritarismo a la democracia, tras la Segunda Guerra Mundial, había sido más rápida y traumática: Alemania Occidental, Japón e Italia.

En otros Estados occidentales surgieron asimismo grupos radicales de izquierda, financiados a menudo por gobiernos comunistas durante la guerra fría. Inspirados en vagas teorías revolucionarias y apoyados por simpatizantes izquierdistas de distintos sectores sociales, los terroristas intentaban provocar el derrumbamiento del Estado mediante una reacción violenta y autodestructiva.

En Alemania Occidental, la llamada Fracción del Ejército Rojo (RAF), más conocida como la banda Baader-Meinhoff, efectuó numerosos atracos a bancos y asaltó instalaciones militares estadounidenses. Sus acciones más espectaculares tuvieron lugar en el año 1977 con el secuestro y asesinato de un importante industrial, Hans-Martin Schleyer y el posterior secuestro, realizado por simpatizantes árabes, de un avión de Lufthansa con destino a Mogadiscio[26], en Somalia. Los miembros

---

[26] **Vuelo 181 de Lufthansa**: 13 de octubre de 1977. Secuestrado por cuatro miembros del Frente Popular para la Liberación de Palestina (FPLP), bajo la dirección del grupo terrorista alemán Fracción del Ejército Rojo (RAF, siglas de su nombre en alemán Rote Armee Fraktion), que se autodenominaron Comando Mártir Halima. El objetivo del secuestro era asegurar la liberación de los líderes de la Facción del Ejército Rojo encarcelados en las cárceles alemanas. El avión recorría la ruta entre Palma de Mallorca y Fráncfort del Meno. Tras cinco angustiosos días con escalas en los aeropuertos de Roma, Lárnaca (Chipre), Manama (Baréin), Dubái y Adén (Yemen), fue liberado por un equipo del GSG 9 alemán el

de la banda alemana colaboraron a menudo con los terroristas palestinos, siendo de especial relevancia el asesinato de atletas israelíes durante los Juegos Olímpicos de Múnich en el año 1972. A finales de la década de los años setenta, la mayor parte de los activistas de la FAR se encontraba en prisión o había muerto.

La campaña terrorista llevada a cabo por el IRA tras la Segunda Guerra Mundial surgió a partir del movimiento irlandés a favor de los derechos civiles de los años sesenta, que reclamaba mejores condiciones para los católicos de Irlanda del Norte. El terrorismo, cada vez más intenso, utilizado tanto por católicos como por protestantes, desembocó en la segregación de ambas comunidades en zonas vigiladas por soldados y en la militarización de Irlanda. Tras décadas de violencia extrema, el IRA declaró un alto el fuego el 31 de agosto de 1994.

En lo que se refiere a Italia, el origen último del terrorismo, cuyo grupo más emblemático fue las Brigadas Rojas, se encuentra en la tradición anarquista del país y en su inestabilidad política.

Sus actividades culminaron en el año 1978 con el secuestro y asesinato del antiguo primer ministro Aldo Moro[27]. El

---

18 de octubre en el Aeropuerto de Mogadiscio, capital de Somalia. Como resultado de esta intervención se registró la muerte de tres de los terroristas y se salvaron los rehenes con excepción del capitán del vuelo, el piloto Jürgen Schumann, quien había sido herido mortalmente por el jefe de los terroristas un día antes.

[27] **Aldo Moro**: 23 de septiembre de 1916. Líder de la Democracia Cristiana Italiana. Fue presidente del consejo de ministros de Italia en dos ocasiones. Era considerado un intelectual y un paciente y hábil negociador. Fue secuestrado por militantes de las Brigadas Rojas y asesinado por Mario Moretti en 1978, aunque las circunstancias que rodean su muerte siguen sin estar esclarecidas hoy en día. Acababa de conseguir un acuerdo de unión nacional entre la Democracia Cristiana y el Partido Comunista de Italia (llamado Compromesso Storico o Acuerdo Histórico en español) al que se oponían Estados Unidos y la Unión Soviética. El Partido Socialista Italiano y el Partido Liberal también se

terrorismo de izquierda disminuyó años después, gracias a las medidas policiales, aunque no desapareció en absoluto. No obstante, tuvo un repunte, tal y como quedó reflejado en el año 1980 con la explosión ocurrida en la estación de ferrocarril de Bolonia. La histórica Galería de los Uffizi de Florencia fue uno de los objetivos de una serie de atentados terroristas que tuvieron lugar en el año 1993, al parecer ejecutados por la Mafia. Muchos de estos atentados están hoy considerados como ejercicios de «propaganda negra» concebidos tanto por la derecha como por otros grupos para propiciar un clima de inestabilidad favorable a un gobierno autoritario.

Los movimientos terroristas de Latinoamérica tuvieron sus orígenes en antiguas tradiciones de conflictos políticos localizados. La principal innovación la constituyó la creación de los llamados movimientos de guerrilla urbana, ya que las actividades terroristas se desplazaron desde el campo hasta las ciudades. Sendero Luminoso, grupo terrorista maoísta del Perú, se convirtió en uno de los ejemplos más sangrientos y famosos por el uso de tácticas muy cruentas destinadas a desestabilizar el Estado y a provocar por parte de éste medidas de represión.

Tanto en naciones del Tercer Mundo como en otros lugares, se da el fenómeno de que antiguos grupos terroristas se legitiman una vez que triunfa su lucha y obtienen el control del gobierno o espacios concretos donde ejercer el poder. Israel y Argelia son

---

opusieron a esta iniciativa, mientras se mostró a favor el Partido Republicano con su presidente a la cabeza.

sólo dos ejemplos de Estados cuyos funcionarios y dirigentes fueron en su día clasificados como terroristas.

Tanto Libia, durante el régimen de Gadafi, como Irán, promovieron actos de terror con carácter institucional. Del mismo modo, durante la guerra de Vietnam, Vietnam del Norte respaldó una campaña comunista de terrorismo y subversión en Vietnam del Sur.

Un caso poco conocido es el de Corea del Norte, que realizó o promovió varios atentados contra Corea del Sur, como la explosión ocurrida en Rangún en 1983, en la que murieron cuatro miembros del gobierno surcoreano, y el atentado a un avión de pasajeros de las Líneas Aéreas Coreanas en 1987 ocasionado por agentes norcoreanos.

Existen algunos casos, no obstante, registrados en el seno de democracias consolidadas, que evidencian la aplicación, a través de métodos terroristas, del controvertido concepto de «razón de Estado» sobre la ciudadanía o sobre intereses generales. Uno de los ejemplos más representativos sería el atentado sufrido por el barco estrella de la organización ecologista Greenpeace, el Rainbow Warrior[28], en el puerto de Auckland en el año 1985, por obra de los servicios secretos franceses.

---

[28] **10 de julio de 1985**: El Rainbow Warrior era un barco perteneciente a Greenpeace usado en protestas contra las acciones perjudiciales para el medio ambiente en el mundo. En este caso, la embarcación se encontraba en Auckland, Nueva Zelanda con la finalidad de protestar contra los ensayos nucleares que Francia llevaba a cabo en el atolón Mururoa en el Océano Pacífico. Francia decidió frenar las manifestaciones y el 10 de julio de 1985, agentes secretos del país atacaron el barco provocando su hundimiento y la muerte de un miembro de la tripulación identificado como Fernando Pereira

La Diplomacia del Terrorismo

Las acciones terroristas tienen en su gran mayoría una finalidad política. Estas actividades son el medio para cambiar la situación en favor de la causa que defienden las organizaciones terroristas cuando asumen la falta de eficacia de otros medios. Los métodos terroristas tienen como objetivo causar el mayor efecto psicológico posible, así como el mayor número de bajas o daños materiales dirigiendo sus acciones contra amplias audiencias objetivo. No sólo atacan a civiles, sino a símbolos nacionales como organizaciones, instalaciones y organismos estatales tratando de minar las bases del Estado y socavar la moral del Estado mismo y de sus ciudadanos.

Cuando se produce la combinación del fenómeno terrorista con el religioso, siendo este último sentimiento el que lleva al camino de la violencia, esta es si cabe más extrema, pues los terroristas consideran su posible fracaso no como algo personal sino el de su ideología religiosa, y este es uno de los aspectos más íntimos y arraigados del ser humano, uno de los más viscerales.

La teoría del terrorismo ortodoxo plantea la lógica del terrorismo como doctrina y estrategia para la acción y el cambio político. Esta pone el foco en el Estado y la autoridad establecida como principales objetivos de la actividad terrorista. Los tres principales fundamentos de esta teoría son:

Desde un punto de vista estratégico, el siglo XX fue entre otras cosas, pero por encima de todo un siglo donde se desarrolló y predominó la guerra psicológica, cuya forma de manifestación más violenta fue el terrorismo. Y esto se debe a varios factores:

En primer lugar, el concepto de guerra total, fruto de la experiencia de las dos guerras mundiales creo un nuevo centro de gravedad, la población civil.

Como esa masa civil solo podía ser atacada física y directamente de una forma limitada se optó por utilizar la propaganda y la violencia psicológica.

La evolución de la tecnología y el desarrollo de la aviación introdujeron una nueva dimensión aplicada a ese aspecto. Los teóricos del periodo entre guerras desarrollaron conceptos que culminaron en la doctrina de los "bombardeos estratégicos". Esto no era más que el bombardeo de centros civiles con la intención de causar más que el terror, el pánico en la población, hasta tal punto que por un lado perdieran la voluntad de luchar y por otro obligara a sus gobiernos a desistir del esfuerzo bélico.

En el marco de esa doctrina se pueden englobar los bombardeos masivos de ciudades alemanas.

El culmen de la doctrina descrita fue la invención del arma nuclear. A finales de la década de los 50 uno de los principales artífices de la estrategia nuclear americana, Albert Wohlstetter[29] acuño el término "equilibrio del terror", publicándolo en 1958.

---

[29] **Albert Wohlstetter:** 19 de diciembre de 1913. Politólogo estadounidense conocido por su influencia en la estrategia nuclear de Estados Unidos durante la Guerra Fría. durante los primeros años tras la creación de la RAND Corporation formó parte de esta como consultor. A partir de 1953 pasó a trabajar permanentemente para esta. Se centró en investigar cómo posicionar y operar las fuerzas nucleares estratégicas estadounidenses

Este término se basaba en el principio de la mutua disuasión, que descansaba sobre la esperanza de que el miedo a las consecuencias del uso de las armas nucleares fuera suficiente para disuadir a ambos adversarios de su empleo.

La confrontación entonces se dirimió por caminos propios a través de conflictos indirectos de varios tipos, incluyendo guerra de guerrillas y el terrorismo.

El primero de estos conflictos indirectos entre los Estados Unidos y la Unión Soviética fue la guerra de Corea (1950-1953).

La Guerra Fría no tardó en extenderse a otros teatros, y especialmente a las colonias, donde británicos, franceses, holandeses y portugueses se vieron empujados a luchar contra movimientos de liberación, frecuentemente instigados, financiados y promovidos por la URSS y China.

Para los nacionalistas, el apoyo de los sistemas marxistas les supuso una herramienta organizativa muy útil para ese tipo de conflictos. Del mismo modo, algunos de estos movimientos fueron inicialmente promovidos y apoyados por EE. UU. como por ejemplo sucedió en Vietnam o en algunos países sudamericanos.

Las grandes potencias coloniales europeas, en su mayoría se transformaron en democracias liberales. Una doble

---

para disuadir formas plausibles de agresión soviética con armas nucleares de forma creíble, rentable y controlable.

La obra de Wohlstetter "El delicado balance del terror" (1958), tuvo una gran influencia en el pensamiento de la política exterior de Washington, sobre todo por su énfasis en la amenaza inminente de un ataque soviético. Junto con su esposa Roberta Wohlstetter, una consumada historiadora y experta en inteligencia, recibió la Medalla Presidencial de la Libertad de manos de Ronald Reagan en noviembre de 2008.

incongruencia se dio de ese modo durante décadas, por un lado, esos países dejaron de ser potencias de primer orden, siendo sustituidos por Estados Unidos y la URSS, y por otro adoptaron valores totalmente contrarios a los implementados por el espíritu colonialista e imperialista.

Sus gobiernos, cuya inclinación natural los llevaba a mantener sus posesiones y salvaguardar su territorio, en su mayoría, se resistieron a las demandas de independencia de sus colonias. Gran Bretaña y Holanda se adaptaron más rápido a la corriente de los nuevos tiempos que Francia, que entre 1946 y 1962 hubo de luchar en dos conflictos coloniales.

En ese particular contexto y en contra de los fundamentos de la Guerra Fría, las armas nucleares y los nuevos cambios que se estaban produciendo en el contexto internacional, surgió una nueva forma de hacer la guerra en torno al colonialismo. Un tipo de guerra en la que la victoria política ya no estaba ligada a la victoria militar, al menos cuando era un Estado democrático el que se veía envuelto en el conflicto.

Y desde el mismo momento en que la victoria política comenzó a basarse principalmente, si no al completo en la guerra sicológica como antaño lo hacía en la supremacía militar, el terrorismo se convirtió en un elemento clave. Esa fue una de las principales lecciones aprendidas de la guerra que libró Francia en Argelia.

Si el terrorismo se ha mantenido durante siglos como una de las manifestaciones constantes de la violencia política es porque ha demostrado ser un arma auxiliar muy efectiva.

Mientras que el empleo del terrorismo ha logrado ciertos éxitos, especialmente desde finales de la década de los 60, gracias entre otras cosas a una combinación de factores estratégicos que se daban en el concierto internacional y al desarrollo de los medios de comunicación de masas que daban a estas acciones la publicidad necesaria, la historia tiende a demostrar que por sí mismo rara vez se ha demostrado realmente eficaz para conseguir los objetivos políticos de aquellos grupos que han recurrido a él.

A colación de lo anterior, la era de la descolonización fue muy favorable y exitosa para los movimientos nacionalistas e independentistas que optaron, por lo general sin una verdadera necesidad, por el uso del terrorismo en combinación con la guerra de guerrillas.

Fue durante este periodo de gran convulsión en el plano geoestratégico cuando la compleja relación entre la democracia y el terrorismo se definió, relación que hoy en día define la esencia del terrorismo actual. El terrorismo asociado a los procesos de descolonización logró su éxito gracias a las contradicciones morales y políticas que supuso para las nuevas democracias sus valores caracterizados por la defensa de la libertad y las exigencias del colonialismo basadas en la dominación. El fin del colonialismo fue el punto de inflexión que determinó las nuevas formas de terrorismo adoptadas desde 1968.

Podemos considerar que es en este momento cuando realmente aparece el fenómeno del terrorismo sustentado o apoyado por Estados como una extensión de la política exterior y como una herramienta más en las relaciones internacionales.

En ocasiones se tiene la percepción de que el terrorismo, cuando es usado por los Estados, es un tipo de Guerra de baja intensidad, mientras que otros círculos se entiende que esta estrategia se corresponde con la diplomacia, como parte de esta. Esto no siempre es así, pero la mayoría de las veces se cumple esta premisa.

Actualmente, el terrorismo se da tanto a nivel doméstico como en el plano internacional. La novedad en su evolución en su forma actual reside en su participación directa y sensacional en los problemas políticos, provocando en la población una reacción emocional similar a la que causa la guerra o los desastres naturales. El éxito que en ocasiones han tenido los métodos terroristas a la hora de provocar cambios en las medidas o acciones de algunos países, así como la manipulación de ciertas políticas, especialmente en sociedades abiertas donde la relación entre los dirigentes y los ciudadanos es preeminente, ha atraído a ciertos gobiernos o regímenes a adoptar el terrorismo como un método más que utilizar para influenciar en las políticas de otras naciones.

La toma de rehenes por parte de Irak previa a la Guerra del Golfo en 1991 es un ejemplo reciente e ilustrativo del uso del terrorismo sustentado por un Estado para apoyar su política exterior. Se diferencia de acontecimientos similares más recientes en que resultó ser un desafío directo y abierto a los usos y costumbres en las relaciones internacionales tanto en paz como en guerra. Se diferenció también en términos numéricos: en este caso fueron cientos si no miles los rehenes que se tomaron en lugar de unos pocos. En este sentido, el comportamiento iraquí puso de relieve una práctica que durante las décadas anteriores había sido rechazada.

Desde los albores de la historia de la humanidad, la violencia clandestina y el asesinato han sido usados como medios de acelerar la consecución de ciertos objetivos de Estados y Regímenes, y el potencial que ofrecen las nuevas formas de terrorismo no ha hecho sino transformarlo en un elemento más y más efectivo en ese arsenal de medios a emplear.

En un proceso que ha sido muy gradual, las reglas existentes, escritas o no, que permitían o prohibían o, dicho de otro modo, regulaban las prácticas consideradas terroristas, han sido desplazadas poco a poco para dar paso a la aparición de grupos terroristas o a la comisión de acciones terroristas bien apoyadas por Estados o bien iniciadas por estos.

Ejemplos los tenemos de todo tipo y en todo el espectro ideológico, desde la Alemania del Este a Yemen pasando por Libia, Siria, Cuba... pero también Israel, EE. UU. y la antigua Unión Soviética. De ese modo, en algunos casos el terrorismo ha llegado a convertirse en un elemento más de la política exterior de algunos gobiernos.

Los Estados afectados por este fenómeno del terrorismo promovido o sustentado por otros Estados, incapaces de luchar de manera efectiva contra este, lo han tratado de utilizar a su favor desde la victimización, elevándolo a un problema de primer orden tanto a nivel doméstico como de asunto de política exterior

En consecuencia, ser objetivo del terrorismo se ha convertido en cierto modo en una herramienta propagandística muy útil para influir en la opinión pública y dirigir de ese modo la propia política exterior hacia posiciones beneficiosas.

Pero se deben considerar dos asuntos fundamentales. El primero es delimitar el área política de acción del terrorismo sustentado por Estados. A pesar de que la opinión generalizada y en cierto modo consensuado de que el terrorismo se convierte en ocasiones en un instrumento de política exterior, la ambigüedad aparece cuando se intenta delimitar cuando y donde realmente el fenómeno terrorista toma esa función.

El segundo asunto para tener en cuenta es el tipo de instrumento de política exterior que representa. No hay consenso sobre cuando este fenómeno debe o puede considerarse un acto de guerra. Lo cual por otro lado parecería lógico. Por ello, centrándose en la respuesta que cabe dar a este tipo de acciones, y ante la ausencia de una opción efectiva y factible a estas, la opinión más generalizada se inclina por la negociación diplomática y no por el uso de la violencia. Esta tendencia lleva a la conclusión de que la percepción del fenómeno del terrorismo sustentado por Estados, cuando se considera un elemento más de política exterior o de la diplomacia debe ser situada en ese plano y no ser visto como un acto de guerra.

Motivaciones

Hablar de motivaciones equivale a entrar en el terreno de la clasificación del terrorismo. ¿Qué razones o motivos lleva a un grupo o colectivo determinado o incluso a un Estado a tomar este camino? Es sin duda un tema complejo y no exento de discusión, donde nos enfrentamos a diversas opiniones y teorías. No obstante, vamos a tratar de reflejar las más asentadas con el objeto de proporcionar al lector herramientas para aumentar su visión del fenómeno e incluso elaborar sus propias conclusiones.

En primer lugar, se ha de resaltar que un individuo considerado por otra persona o por un colectivo como terrorista, puede ser visto por otros como un luchador por la libertad, un mártir, un revolucionario, un insurgente o incluso un simple criminal.

¿Cuál es el objetivo final del terrorismo o, mejor dicho, de los terroristas? Según Kydd and Walter (2006)[30], las acciones de estos van dirigidas a dos audiencias principales bien diferenciadas:

---

[30] **Andrew Kydd, Barbara Walter**: Kydd, Andrew H., and Barbara F. Walter. Autores de "Las estrategias del terrorismo." Quarterly Journal: International Security, vol. 31. no. 1. (2006)

Estados foráneos en los que se pretende influir y la comunidad o población del propio estado a la que o bien quieren ganarse para su causa y conseguir su respaldo o bien pretenden subyugar o dominar.

Según estos mismos autores esta división puede atender a cinco propósitos diferenciados:

-        Desgaste: Convencer a su enemigo de que haga lo que haga siempre le sobrevivirán, y por tanto no tiene forma de acabar con su lucha.

-        Intimidación: Persuadir a la población de que pueden dominarlos o controlarlos sin importarles las posibles represalias que puedan recibir de las autoridades.

-        Provocación: Incitar al enemigo a reaccionar de manera violenta, lo cual radicalizará a la población acercándola a los postulados de los terroristas.

-        Arrollar: Convencer a la población de que son la mejor alternativa para combatir a su enemigo entre otras posibles u otros grupos.

-        Denostar: Socavar o deslegitimar a cualquier grupo o colectivo que intente llegar a un acuerdo pacífico con el enemigo.

Otro autor, Alex Schmid[31], en su obra "Terrorismo Político" (1983) realiza una subdivisión de los diferentes objetivos pretendidos por el terrorismo: por un lado, habla del objetivo del terror por el terror, el objetivo de la coerción sobre los grupos o colectivos objeto de sus acciones, y por último el objetivo de la influencia, grupos o Estados que son la audiencia objetivo última de las acciones. Completa esta subdivisión afirmando que el terrorismo es algo simbólico dado que intenta amenazar a un Estado o un poder al que sabe que en el fondo es imposible derribar.

Continuando con clasificaciones hechas por relevantes estudiosos en la materia no se puede dejar de mencionar a Robert Pape[32], que afirma que los objetivos o motivaciones principales del terrorismo son dos: ganar adeptos y coaccionar a sus oponentes. Para ello describe tres categorías:

-       Terrorismo Demostrativo: Acciones destinadas a ganar publicidad para, de ese modo, reclutar nuevos adeptos, llamar la atención de los sectores moderados de los grupos opositores y

---

[31] **Alex P. Schmid:** 03 de noviembre de 1943. Suiza. Politólogo especializado en estudios sobre terrorismo. Entre 1999 y 2005 fue el Oficial a cargo de la Subdivisión de Prevención del Terrorismo de la Oficina de las Naciones Unidas contra la Droga y el Delito en Viena. Es particularmente conocido por su trabajo sobre la definición de terrorismo. En 1984 publicó: *"Political terrorism: A research guide to concepts, theories, data bases, and literature"*

[32] **Robert Pape:** 24 de abril de 1960. EE. UU. Profesor en diversas universidades y en la Escuela de Estudios Avanzados de la Fuerza Aérea de los Estados Unidos desde 1996 a 1999. Desde 1999 ejerce como profesor asociado de Ciencias Políticas en la Universidad de Chicago.

Sus investigaciones preliminares sobre el terrorismo suicida fueron presentadas en el American Political Science Review en 2003. Luego Pape fundó y actualmente dirige el Proyecto Chicago sobre Terrorismo Suicida, apoyado por la Corporación Carnegie, el Pentágono, la Universidad de Chicago y el Laboratorio Nacional Argonne.

la de terceras partes que puedan servir al propósito de influir en la oposición. Como ejemplo señala los secuestros o las tomas de rehenes.

- Terrorismo Destructivo: Su propósito es la coacción y ganar apoyos, aunque puede convertirse en un arma de doble filo por un incremento desmesurado de la violencia de las acciones.

- Terrorismo Suicida: Es la manifestación más violenta de todas. Mediante esta forma de actuar se pretende lograr esa coacción asumiendo el riesgo de que la reacción de la oposición se incremente y que es probable la pérdida de apoyo o al menos simpatía de actores neutrales en juego.

Aquí es interesante detenerse un poco dado la actualidad del asunto. Es doctrina extendida entre varios autores el que la motivación para los ataques suicidas no debe entenderse sólo desde el estudio del mundo espiritual o intelectual, las ideologías que han moldeado a los atacantes o los mitos entre los que se han desarrollado. La eficacia de este tipo de acciones y la ideología son dos factores muy importantes, pero la religión, si bien es un arma muy efectiva de reclutamiento, no es siempre la última motivación para dar este paso.

Un ejemplo de esta afirmación lo encontramos en las acciones suicidas llevadas a cabo en Sri Lanka por el grupo "Tigres

Tamiles", el cual era un grupo de descendientes hindúes de ideología marxista-leninista cuyos miembros eran entre otras cosas profundamente antirreligiosos.

Una agencia como el FBI realiza una división del terrorismo muy simple y clara. Lo clasifica como "internacional" o "doméstico" basándose en el lugar donde se produce.

Tenemos otras clasificaciones a partir de diferentes premisas como la que lo divide en político, internacional, económico y doméstico, tomando como elemento diferenciador el objetivo último de las actividades terroristas.

Otra clasificación algo más amplia es la que se focaliza en las estructuras y características de las acciones terroristas, dividiéndolo en: nuevo terrorismo, terrorismo de Estado, terrorismo disidente, terrorismo religioso, terrorismo ideológico, terrorismo internacional, terrorismo criminal-disidente y terrorismo de género.

Por último, tenemos una clasificación del terrorismo basada en los cambios históricos sufridos en el mundo a partir de 1870.

En base a esta se identifican tres diferentes tipos de terrorismo:

- Terrorismo a cargo de actores principales contra gobiernos prominentes.

- Actividades terroristas que surgen en zonas periféricas del mundo cuyo objetivo son gobiernos locales.

- Actividades terroristas llevadas a cabo por grupos marginales contra actores principales a lo largo de todo el mundo (terrorismo transnacional).

Todas estas clasificaciones, fruto de profundos estudios tomando como punto de partida diferentes puntos de vista, no hacen sino reafirmar la máxima de que el terrorismo es un fenómeno en constante evolución, polifacético y muy complicado.

En un esfuerzo para desarrollar un modelo de clasificación teniendo en cuenta el factor motivador como base, surge la siguiente clasificación de las actividades terroristas:

Terrorismo étnico/nacionalista o separatista

Terrorismo revolucionario

Terrorismo religioso

- *Terrorismo étnico/Nacionalista o Separatista*: Tuvo su época de máximo apogeo entre la década de los 70 y la primera del siglo XXI. Actualmente puede considerarse que es el menos preocupante, especialmente desde el fin de las acciones de organizaciones como el IRA o ETA.

  No obstante, es de resaltar que este tipo de terrorismo aún es un problema importante en diversas partes del mundo y que es relevante para comprender otras formas de actividades terroristas, pues muchos de los fundamentos del terrorismo nacionalista o étnico han contribuido al desarrollo del terrorismo contemporáneo.

- *Terrorismo Revolucionario*: Este término se utiliza para hacer referencia al terrorismo usado como táctica por grupos reformista o revolucionarios cuya pretensión es lograr un cambio dramático en las estructuras políticas existentes. Por lo general tiene una base ideológica e intelectual muy fuerte, que lleva a conducir acciones violentas en la esperanza de que estas los lleven a lograr concesiones por parte de las élites gobernantes que se conviertan de algún modo en un atajo para la revolución. Actúan bajo la ilusión de que los círculos de poder, aterrorizados por sus acciones dejarán este o bien harán concesiones significativas.

El terrorismo revolucionario suele ser parte de la estrategia insurgente dentro del contexto de conflictos internos o revoluciones. El intento de arrebatar el poder a un régimen establecido en un Estado que si tiene éxito provocará un cambio radical tanto político como social.

- *Terrorismo Religioso*: Cuando un fenómeno como la religión, cuya aparición y existencia tiene como objeto lograr la paz entre la humanidad se combina con una de las actitudes más terribles que se conocen, es un auténtico reto encontrar los términos apropiados para hablar de este tipo de terrorismo. De hecho, existen dudas y debate sobre la definición y como llamar a las actividades terroristas que se dan en conjunción con motivaciones religiosas. Hay quien incluso se refiere a este como "terrorismo en nombre de la religión", denominación que puede considerarse bastante apropiada, pues refleja perfectamente que tipo de terrorismo es y cómo podemos clasificarlo. Según el mismo autor, este tipo de terrorismo se ha convertido en una de las más vibrantes, peligrosas y perversas tendencias en la era posterior a la Guerra Fría. Y especialmente después de los atentados del 11S, el terrorismo motivado por la religión se ha convertido en el más extendido y preocupante de todos los tipos objeto de esta clasificación, especialmente en Europa y EE. UU.

¿Cómo podemos definirlo entonces? Pues como "la amenaza o el uso de la fuerza con el propósito de influir o coaccionar gobiernos o poblaciones con la finalidad de lograr objetivos religiosos". Frecuentemente se asocia este a Oriente Medio y al islam. No obstante, su implantación e historia es mayor que el islam y las actividades terroristas en nombre del islam.

Diferentes religiones han sido utilizadas como base o legitimización de actos y comportamientos fanáticos y violentos. Como ejemplo podemos usar el movimiento fundamentalista judío Kach que llevó a cabo un ataque contra una mezquita en la franja de Gaza en 1994 causando 29 muertos. O el culto japonés Aum Shinrikyo que llevó a cabo el ataque con gas sarín en el metro de Tokio en 1995. E incluso en suelo americano, la bomba que destruyó el edificio del gobierno Federal en la ciudad de Oklahoma fue colocada por dos extremistas americanos en nombre también de la religión.

Bibliografía

Korbl, Wayne "Terrorism: Motivation and Theory," The Journal of Public and Professional Sociology Vol. 9. (2017).

Patrick C. R. Terry "The Return of Gunboat Diplomacy: How the West has Undermined the Ban on the Use of Force". Harvard National Security Journal Vol. 10. (2019).

Professor PhD Peter Viggo Jakobsen, "Coercive Diplomacy: Frequently used, seldom successful" (2007).

Javier Feal Vázquez, Capitán de fragata "Terrorismo Internacional". ESFAS. Madrid.

Buker H. "A Motivation Based Classification of Terrorism". Forensic Research Criminal International Journal. (2017).

Noemi Gal-Or, "State-Sponsored Terrorism: A Mode of Diplomacy?" (1993).

United Nations Office on Drugs and Crime, "Introduction to International Terrorism" Education for Justice University Module Series, Module 1. Viena (2018).

Kydd, Andrew H., and Barbara F. Walter. "The Strategies of Terrorism." Quarterly Journal: International Security, vol. 31. no. 1. (Summer 2006).

4. GRUPOS Y ORGANIZACIONES TERRORISTAS

Has el momento hemos teorizado sobre el fenómeno terrorista, haciendo un recorrido por su historia y evolución, se han enumerado y expuesto las diferentes motivaciones que llevan a determinados colectivos e incluso e Estados a ejercer la violencia terrorista. Y durante ese proceso hemos sacado a la luz los nombres de diversos grupos que han desarrollado actividades terroristas a lo largo de la historia.

Hacer una relación de todos los grupos que en un momento u otro han recurrido al terrorismo sería una labor ingente. Por ello se ha de realizar una acotación.

Tomando de nuevo como referencia la teoría de las olas de Rapoport, la intención en fijar la atención en los principales grupos terroristas que han operado durante la tercera y cuarta ola por ser los más cercanos en el tiempo y los que más se asemejan en su forma de actuación al concepto actual de terrorismo.

Para hacer más clara la exposición, esta se ha realizado agrupándolos por área geográfica.

Europa. Grupos y Organizaciones

Desde el final de la Segunda Guerra Mundial hasta nuestros días, no hay un solo país europeo que no haya sufrido en mayor o menor medida el azote del terrorismo. Esto no quiere decir que dichos ataques hayan sido perpetrados por grupos autóctonos, aunque por otro lado casi en todos los países, en un momento u otro y con una actividad más o menos prolongada en el tiempo ha aparecido algún grupo de este corte.

- **Francia**

- *OAS (Organisation Armée Secrète):* Fue un grupo paramilitar disidente de ideología de extrema derecha surgido durante la guerra de Argelia (1954-1962). El objetivo de este era evitar que Argelia obtuviera la independencia de Francia, cometiendo para ello asesinatos y todo tipo de atentados. Su lema no dejaba lugar a dudas: "L'Algérie est française et le restera" (Argelia es francesa y siempre lo será). Este grupo es peculiar por muchos motivos. Es un grupo que pertenece, atendiendo al marco temporal, a la tercera ola u "Ola de la Nueva Izquierda", pero la motivación de su lucha correspondía a la ola anterior, la "Ola Anticolonial" sólo que esta se dirigía en sentido contrario, es decir, luchaban en contra de la independencia. Como puede verse es un ejemplo muy particular.

La OAS se formó en base a redes existentes de combatientes que ya habían llevado a cabo ataques contra elementos del Frente Argelino de Liberación Nacional y aquellos que le apoyaban desde el comienzo de la guerra. Redes que se autodenominaban "contraterroristas", "grupos de autodefensa" o "resistencia".

Al contrario de la idea generalizada, fue una organización heterogénea, donde se integraron sectores claramente fascistas y nostálgicos de la Francia de Vichy.

En Argelia, la dirección estaba en manos de militares y políticos que habían estado en la Resistencia, y que se presentaron como continuadores de la lucha contra el nazismo. La militancia estaba formada por desertores del Ejército, en especial veteranos de las guerras coloniales, y gente generalmente modesta, como comerciantes, artesanos, pequeños empleados, etc. Su principal bastión, el barrio de Bab-el-Oued de Argel, había tenido un mayoritario voto comunista y socialista.

Oficialmente se dio a conocer en Madrid en enero de 1961, anunciándose como una respuesta de ciertos políticos y oficiales del ejército francés al referéndum de independencia celebrado el 8 de enero y organizado por el general de Gaulle.

Sus acciones, inicialmente selectivas, fueron derivando en actos de terror cada vez más indiscriminados. La colocación de bombas y los asesinatos tanto en el territorio de la Argelia francesa como en la metrópoli causaron más de dos mil víctimas mortales entre abril de 1961 y abril de 1962. Esta campaña terrorista culminó con una oleada de atentados que siguió a los "Acuerdos de Evian[33]". Tras estos acuerdos la OAS intensificó su campaña violenta atacando a musulmanes, europeos partidarios del general De Gaulle e integrantes de los grupos policiales especiales desplegados para su desarticulación. Durante este

---

[33] **Acuerdos de Evian**: 18 de marzo de 1962. Se conoce con este nombre al resultado de las negociaciones entre los representantes de Francia y los del Gobierno Provisional de la República Argelina (GPRA) formado por el Frente de Liberación Nacional (FLN) durante la guerra de Argelia. se firmaron el 18 de marzo de 1962 en Evian y se tradujeron en un inmediato alto el fuego aplicado a la totalidad del territorio argelino. La firma ponía fin a ocho años de una guerra en la que Francia había desplegado unos 400.000 efectivos y durante la que murieron entre 250.000 y 400.000 argelinos

periodo su objetivo fundamental fue impedir el referéndum de autodeterminación, algo en lo que fracasaron completamente, ya que la opinión pública en Francia era abrumadoramente contraria a seguir la guerra y apoyaba la independencia de Argelia.

Tras concederse la independencia el 5 de julio de 1962, la OAS dejó de actuar en Argelia y la mayoría de sus miembros se exiliaron en el sur de Francia, mientras sus dirigentes se escaparon al extranjero donde estuvieron hasta la amnistía de 1968. Muchos de ellos, como Pierre Lagaillarde, Jacques Soustelle, Jean Gardés, AlinSarrien o Raoul Salan se refugiaron en España, así como unos 700 militantes junto con sus familias. Tras la independencia argelina, pequeños grupos intentaron mantener la lucha, centrándola en intentos de asesinato del presidente Charles de Gaulle como el sucedido en el suburbio parisino de Le Petit-Clamart en 1962. Su actividad duró poco más de un año.

- **Italia**

-    *Ordine Nuovo (Nuevo Orden):* Organización cultural y política extra-parlamentaria de extrema derecha. Nace en 1956 como un intento de recuperar el partido Fascista prohibido por la Constitución implementada tras la Segunda Guerra Mundial. En 1973 el gobierno italiano forzó su disolución. Elementos residuales formaron un nuevo grupo bajo el nombre de "Ordine Nero" en 1974.

El grupo original, considerado el grupo de extrema derecha más importante surgido en Italia después de la contienda mundial perpetró varios atentados, algunos de ellos especialmente significativos por el número de víctimas causadas, como la bomba explosionada en la "Piazza Fontana" de Milán en 1970 que provocó 17 muertos y más de 80 heridos o la colocada en el tren que hacía el trayecto entre Roma y Messina matando a seis personas e hiriendo a 100.

Como se puede comprobar por sus acciones, a pesar de ser un grupo de ideología de extrema derecha empleó las tácticas más arraigadas en la tradición anarquista de la última época, tomando como objetivo a todo el sector de población que consideraba contrario a sus ideas y buscando un terror indiscriminado.

Como resumen y ejemplo de su especial idiosincrasia reproducimos uno de los comunicados de la organización: *"Queremos demostrar a la nación que podemos emplazar nuestras bombas allá donde queramos, cuando queramos y como queramos. Nos veremos en otoño; enterraremos la democracia bajo una montaña de cadáveres"*.

- **NAR (Nuclei Armati Rivoluzionari):** El NAR fue otra organización de corte neofascista activa en Italia entre 1977 y 1981.

La segunda mitad de la década de los setenta, en Italia, estuvo marcada por una violencia inusitada entre facciones de diferente signo político. Como respuesta a movimientos de izquierda y a la actividad de grupos terroristas marxistas algunos elementos de la extrema derecha pasaron de los enfrentamientos callejeros a las acciones terroristas. La característica principal de estas organizaciones era el deseo de lucha y la "espontaneidad" que mostraban por una causa aun sabiendo que era una causa perdida. La lucha en sí misma era un fin que anteponían a los objetivos políticos. Durante el periodo de actividad cometieron 33 asesinatos y planearon acabar con la vida de Francesco Cossiga[34], Gianfranco Fini[35] y Adolfo Urso[36]. En el modus operandi de este grupo aparece claramente por primera vez un signo distintivo del terrorismo actual y en especial del terrorismo yihadista, que es la colaboración y cooperación con

---

[34]**Francesco Cossiga**: 26 de julio de 1928. Político italiano perteneciente la democracia cristiana italiana. Fue el octavo presidente de la República Italiana. Jefe de gobierno desde 1979 hasta 1980. Posteriormente, en 1983 fue designado presidente del Senado y en las elecciones de 1985 resultó elegido presidente de la República italiana.

[35] **Gianfranco Fini**: 3 de enero de 1952.Político italiano elegido representante de la Cámara de los diputados italiana en 1983, como miembro del partido neofascista Movimiento Social Italiano. Ocupó de nuevo el mismo puesto desde el 30 de abril de 2008 hasta el 15 de marzo de 2013, y fue designado ministro de Asuntos Exteriores desde 2004 hasta 2006. Fue el líder de Alianza Nacional hasta su disolución.

[36]**Adolfo Urso**: 12 de julio de 1957. Político italiano. Su experiencia política comenzó a principios de los años ochenta, en la Dirección Nacional del Frente de la Juventud, la organización juvenil del Movimiento Social Italiano (MSI) dirigida por Gianfranco Fini . A finales de los años 80 fue uno de los líderes del componente interno del MSI, "Proposta Italia", dirigido por Domenico Mennitti. Presidente de la Fundación Farefuturo y senador de la República por los Hermanos de Italia desde 2018. Desde el 22 de octubre de 2022 es ministro de Desarrollo Económico en el gobierno de Meloni.

grupos de crimen organizado, en este caso con la "Banda della Magliana", una organización criminal de Roma.

- *Brigadas Rojas*: Surgido en 1970 en plena ola de la "Nueva Izquierda", este grupo buscaba implantar un Estado revolucionario mediante la lucha armada y forzar la salida de Italia de la OTAN. Su actividad se inició con acciones reivindicativas en fábricas y centros de producción y poco a poco fue evolucionando, aumentando la contundencia y violencia de sus actos hasta tomar el camino del terrorismo. Se extendió hasta comienzo de la década de los ochenta cometiendo todo tipo de atentados. Su modelo era el movimiento de resistencia partisano que luchó durante la Segunda Guerra Mundial. Una minoría de jóvenes antifascistas los tomaron como un ejemplo de la legitimidad de usar métodos violentos para conseguir un objetivo justo.

Llegaron a establecer seis elementos o columnas principales en sendas ciudades del país que operaban de forma autónoma.

Su estructura fue incrementando su complejidad llegando a crear incluso un frente logístico. Fueron pioneros en el empleo de técnicas como el secuestro exprés, una forma de castigo a empresarios, de financiación rápida y de darse publicidad. Del mismo modo que esa forma de actuar la tomaron de algunos grupos guerrilleros de Sudamérica, también importaron un tipo de acción llamada "gambizzazione" y usada por el IRA, consistente en herir a los secuestrados de un disparo en una pierna. Es a partir de ese momento cuando se comienza a plantear la comisión de asesinatos políticos como forma de lucha armada, lo cual provocó disensiones en la banda.

El hecho más relevante y conocido tuvo lugar en 1978 cuando secuestraron al que fuera primer ministro y líder del partido Democristiano, Aldo Moro. En el momento del secuestro acababa de conseguir un acuerdo de unión nacional entre la Democracia Cristiana y el Partido Comunista de Italia (llamado Compromesso Storico) que no obstante tenía muchos detractores tanto dentro como fuera de Italia.

Durante el secuestro fueron asesinados cinco miembros de la escolta. Casi dos meses más tarde y después de infructuosos intentos de negociación e incluso la intermediación del Papa Pablo VI, a petición del propio Aldo Moro, el líder democristiano fue asesinado.

Este atentado conmocionó a todo el país y dio pie a la implantación de leyes y medidas antiterroristas mucho más duras, significando el principio del fin de la banda que fue prácticamente desmantelada en 1980.

No obstante, algunos elementos que no fueron capturados tomaron el relevo y mantuvieron la lucha armada con acciones esporádicas e incluso bajo diversas nuevas denominaciones hasta finales de 1989.

- **Alemania**

- *Fracción Armada del Ejército Rojo (Baader Meinhoff):* Se trata de una de las organizaciones terroristas revolucionarias más activas de la Alemania Occidental y sin lugar a duda la más mediática. Durante su actividad fue responsable de, al menos, 34 asesinatos. Era un grupo de inspiración marxista. Se puede considerar como ejemplo característico de la tercera ola terrorista u "Ola de la Nueva Izquierda". Pretendía ser un grupo de resistencia que aspiraba a emplear tácticas de guerrilla urbana tomando como modelo algunos grupos sudamericanos como los Tupamaros uruguayos; entendían su lucha como una forma de combatir el sistema, el capitalismo y el imperialismo de los Estados Unidos en una contienda internacional de liberación. Operó entre la década de los 70 y 1998. Otoño de 1977 marcó el punto álgido de la historia de este grupo con acciones que provocaron una auténtica crisis nacional.

Varios actos de brutalidad policial durante diversas protestas a finales de la década de los sesenta, sumado al amplio rechazo a la guerra de Vietnam, motivó la unión de Thorwald Proll, Horst Söhnlein, Gudrun Ensslin y Andreas Baader, junto a otros para tomar partido e incendiar varias tiendas alemanas. Fueron arrestados el 2 de abril de 1968, y mientras duró su juicio, la periodista Ulrike Meinhof publicó varios artículos en su favor en la revista política Konkret.

Algunos miembros de la banda fueron sentenciados a prisión, entre ellos Andreas Baader. Como consecuencia de un periodo de captación y adoctrinamiento la periodista colaboró en la fuga de este. A partir de ese momento se les conocería como la banda Baader-Meinhoff. Parte de los miembros se desplazaron a un campamento de Al Fatah en Amman, Jordania, vía Beirut para recibir entrenamiento (algo muy característico en los grupos terroristas de este periodo). A su regreso otros componentes siguieron sus pasos.

Cuando se reunieron de nuevo todos en Alemania Occidental, comenzaron lo que llamaron "lucha antiimperialista", consistente en el robo de bancos para recaudar dinero y armas, ataques contra edificios militares de los Estados Unidos, estaciones de policía y edificios del imperio periodístico de Axel Springer, así como el intento de asesinato de un juez.

El grupo pasó por diversas vicisitudes y fases, muriendo en diversas circunstancias casi veinte de sus integrantes. Fueron pioneros en la colaboración con grupos terroristas árabes y en lo que se denominó "internacionalización" del terrorismo, siendo un claro ejemplo la participación del terrorista "Carlos" en la toma de rehenes en la sede de la OPEP en Viena en 1975 o el secuestro de un avión por parte de un comando de árabes con la pretensión de negociar la liberación de miembros de Baader-Meinhoff encarcelados en Alemania.

En abril de 1998 se produjo la disolución oficial de la banda.

- **Irlanda – Reino Unido**

- *Ejército Republicano Irlandés (IRA):* El IRA es probablemente el grupo terrorista más longevo de Europa. Su pretensión es conseguir un Estado soberano e independiente del Reino Unido, conformado geográficamente por la Isla de Irlanda incluyendo a los condados que hoy forman parte de Irlanda del Norte.

Diversos grupos armados y grupos paramilitares utilizan o han utilizado el nombre de Ejército Republicano Irlandés, todos ellos dicen ser herederos del IRA Original o "IRA Antiguo", el ejército de la República de Irlanda, proclamada por el parlamento o Dáil Éireann en 1919.

La denominación IRA apareció por primera vez durante la batalla de Ridgeway[37] (2 de junio de 1866). Desde aquel momento los fenianos se organizaron en regimientos del IRA.

Hacia 1960, tras una desastrosa «campaña de violencia fronteriza», el Sinn Féin, brazo político de la organización armada, en un giro totalmente en línea con los tiempos que

---

[37] **Batalla de Ridgeway:** 2 de junio de 1866. También conocida como la Batalla de Lime Ridge o de Limestone Ridge. Tuvo lugar cerca de Ridgeway, en Canadá occidental, actualmente Ontario. En la misma se enfrentaron tropas canadienses y un ejército irregular de los irlandeses-americanos invasores, los Fenians. La Hermandad Feniana, ubicada en la ciudad de Nueva York era una organización que trataba de apoyar y coordinar a los diversos grupos irlandeses que buscaban forzar al Reino Unido a negociar la formación de una República Irlandesa independiente. Aprovecharon la enorme proliferación de armas en los Estados Unidos, que habían concluido recientemente una Guerra Civil, y el gran número de jóvenes desempleados y descontentos tras la finalización del conflicto con algún grado de entrenamiento militar. No era más que ejército de civiles que se reunió en la costa Estadounidense del Río Niágara, durante las últimas semanas de mayo de 1866 con la intención de invadir Canadá. Fue la escaramuza más grande de las llamadas "Fenian Raids".

corrían y buscando el apoyo de uno de los dos bloques en litigio durante el periodo de guerra fría cambió su orientación de la guerra por la república hacia la guerra de clases marxista. Con la llegada de la época de revueltas conocida como «The Troubles», el IRA Oficial/Sinn Féin Oficial (como se lo conoció tras la formación del IRA Provisional y el Sinn Féin Provisional) se vio relegado por su reticencia o incapacidad para defender las áreas católicas de «Los Seis Condados»[38] de los grupos protestantes.

Con el tiempo, el IRA Oficial terminó desapareciendo, su ala política descartó su componente nacionalista y se constituyó en Sinn Féin, Partido de los Trabajadores, si bien la mayoría de sus miembros terminaron dejándolo para fundar Izquierda Democrática, el partido más izquierdista del parlamento de la república.

Tras decretar un alto el fuego en 1972, el IRA Oficial y el Sinn Féin Oficial sufrieron una nueva escisión que condujo a la formación del ultraizquierdista Ejército Irlandés de Liberación Nacional (o INLA, del inglés Irish National Liberation Army) y el Partido Socialista Republicano Irlandés,

---

[38] **Ulster:** Úlster es una de las «provincias históricas» de la isla de Irlanda. Está formado por nueve condados, seis de los cuales Irlanda del Norte, una nación constitutiva del Reino Unido. Los otros tres condados forman parte de la República de Irlanda. Es la segunda provincia más grande del país y la segunda más poblada. El área total de Úlster es de 21,882 km², de los cuales 14,130 km² pertenecen al Reino Unido y los restantes 7,750 km² a Irlanda.
El Úlster tiene un alto porcentaje de protestantes. La población de origen católico representa aproximadamente el 51 % de su población, mientras que la de origen protestante del Úlster representa alrededor del 43 %.

El INLA se hizo famoso por sus numerosos enfrentamientos internos y por protagonizar algunos de los asesinatos más sectarios perpetrados por nacionalistas.

Los republicanos más tradicionalistas fundaron el IRA Provisional/Sinn Féin Provisional, que operó fundamentalmente en Irlanda del Norte, utilizando la violencia tanto contra los unionistas como contra los británicos, aunque también asesinaron a varios soldados irlandeses e integrantes de la Garda Síochána (la policía irlandesa). En 1986 volvió a producirse una secesión protagonizada por los altos cargos del Sinn Féin Provisional en el Sur (como solía llamarse al brazo político del IRA Provisional).

Los miembros depuestos, que encarnaban una dura línea republicana y se oponían a que el Sinn Féin Provisional abandonase su política de abstencionismo y ocupase sus escaños en el Parlamento de Irlanda, fundaron un partido y una organización paramilitar rivales que llamaron Sinn Féin Republicano e IRA de la Continuidad. Aquellos miembros de diversas facciones que no aceptaron el proceso de paz se escindieron para formar grupos como el IRA Auténtico. Por su parte, el IRA Provisional/Sinn Féin Provisional (más conocidos simplemente como Sinn Féin y el IRA), se inclinaron hacia una postura menos militarista y más política que a posteriori contribuiría al Informe Hume-Adams[39] y al proceso de paz. El 28 de julio de 2005 el IRA anunció el cese de la lucha armada

El IRA es un ejemplo único de organización terrorista que ha ido adaptándose a las corrientes de cada momento buscando con ello obtener el máximo apoyo y sustento posible, pero manteniendo intacto el objetivo que llevó a su nacimiento. Durante su larga historia y debido a sus orígenes llegó a actuar como un ejército, con una férrea disciplina, una estructura muy jerarquizada y llegando a acometer ataques complejos no sólo contra la policía, sino contra unidades militares británicas, y alcanzando incluso a atentar contra la primera ministra Margaret Thatcher. Es sin duda, al menos en el viejo continente, el grupo más letal, habiendo causado más de dos mil muertos entre policías, civiles y militares. El conflicto de Irlanda dejó hasta 2001 un balance total de más de 3500 víctimas mortales.

- **España**

-       *ETA:* Organización terrorista surgida en el País Vasco con dos objetivos prioritarios: la independencia de España y Francia de lo que ellos denominaban Euskal Herria, zona que comprende las tres provincias vascas españolas, Navarra y el

---

[39] El diálogo Hume-Adams fue una serie de conversaciones entre el entonces líder socialdemócrata y laborista John Hume y el líder del Sinn Féin Gerry Adams durante el proceso de paz de Irlanda del Norte.
Tras el diálogo Hume-Adams y su posterior informe, el Sinn Féin decidió participar en el proceso de paz de Irlanda del Norte que condujo a los altos el fuego provisional del IRA de 1994 y 1997 y al Acuerdo de Viernes Santo de 1998.

País Vasco Francés y la constitución en ellas de un Estado socialista.

Euskadi Ta Askatasuna se constituyó en 1958. Su primera acción fue el descarrilamiento de un tren en el que viajaban excombatientes de la Guerra Civil con destino a San Sebastián el 17 de julio de 1961.

El 7 de junio de 1968 se produjo el primer asesinato de ETA: el del guardia civil José Antonio Pardines Arcay, en un control de carretera. El 2 de agosto, dos meses después, ETA cometió su primer atentado premeditado: el asesinato de Melitón Manzanas, jefe de la policía secreta de San Sebastián.

En esta primera época llegaron a asesinar al presidente del Gobierno, Almirante Carrero Blanco[40].

Después de la transición ETA consideraba que con el sistema constitucional posterior a 1978 las cosas no habían cambiado sustancialmente, ya que consideró a la naciente democracia como una continuación del régimen anterior. En 1978, reforzada por la unión de los berezis, una escisión militarista de ETA-pm, ETA-m cambió de estrategia y adoptó la conocida como "de la negociación" o "guerra de desgaste", que consistía en asesinar a miembros del Ejército y de las Fuerzas y Cuerpos de Seguridad

---

[40] **Luis Carrero Blanco:** 04 de marzo de 1904. Militar y político español. Miembro de la Armada española, alcanzó el rango de almirante; tomó parte en la guerra civil española, durante la cual mandó varias unidades. Ocupó el puesto de jefe de operaciones del Estado Mayor de la Armada en agosto de 1939. Tras el fin de la guerra ocupó puestos de responsabilidad en el seno de la administración. Fue nombrado subsecretario de la Presidencia, ejerciendo una posición clave. Desempeñó el cargo de presidente del Gobierno durante el tramo final del régimen hasta su asesinato a manos de ETA el día 20 de diciembre de 1973 en la llamada «Operación Ogro»

del Estado para presionar al Gobierno. Para no dejar el campo político libre a ETA-pm, apoyó la creación de la coalición Herri Batasuna (HB).

Los atentados terroristas aumentaron en número e intensidad. En 1985 utilizaron por primera vez un coche bomba, técnica que fueron perfeccionando y utilizando cada vez más.

Los atentados fueron aumentando en número y violencia, siendo cada vez más indiscriminados. Al mismo tiempo la férrea disciplina interna de la banda castigaba con la máxima dureza cualquier tipo de disidencia.

Con la intensificación de las acciones y el aumento del número de víctimas la banda comenzó a perder el imprescindible apoyo popular. Esa circunstancia unida a los éxitos policiales y a la creación de un frente político unido logró limitar la operatividad del grupo hasta que, tras varias declaraciones unilaterales de alto el fuego y una tregua, en 2011 anunció el cese definitivo de la lucha armada y en 2017 el desarme total y su disolución.

- *Grupo de Resistencia Antifascista Primero de Octubre (GRAPO):* Organización terrorista española nacida en Vigo en el año 1975 con el objetivo de instaurar una "república popular y federativa" en España.

Sus orígenes se remontan a 1968, con el nacimiento en París de la Organización Marxista-Leninista de España (OMLE). Un grupo de escindidos del Partido Comunista de España (PCE) que acusaba de "revisionistas" no solo al PCE, sino también a la URSS y a los partidos que la apoyaban. La OMLE se auto disolvería durante su I Congreso, en 1975, surgiendo de ahí el PCE(r) y su brazo armado: los GRAPO.

La primera acción armada de los GRAPO tuvo lugar el 2 de agosto de 1975, en el canódromo de Madrid, cuando atentaron contra dos agentes de la Guardia Civil, resultando muerto uno de ellos y su compañero, herido de gravedad. Unos días después del atentado del 2 de agosto se perpetró otra acción terrorista, esta vez en Barcelona, acabando posteriormente con la vida de un agente de la Policía Armada el 29 de septiembre de 1975.

El atentado que dio nombre a la banda se produjo tan solo dos días después, el 1 de octubre de 1975, contra 4 miembros de la Policía Armada en Madrid.

Tras la muerte de Franco, los GRAPO continuaron su actividad armada mediante la realización de acciones terroristas cada vez más violentas.

En esos primeros años de la Transición, los GRAPO cometieron secuestros y atentados con una fuerte repercusión social. La amnistía de 1976 y los golpes policiales convirtieron al PCE(r) en un grupo residual y muy minoritario. Los GRAPO mantuvieron esporádicamente sus acciones armadas a pesar de que varias veces se dio por desmantelada a la organización. Solo unos pocos militantes siguieron colocando explosivos, cometiendo atracos y extorsionando a empresarios, contando con un prácticamente nulo apoyo social. A lo largo de su historia asesinaron a más de 25 personas, la mayoría policías y militares. Tras una intensa campaña durante 1984, la nueva reorganización de los GRAPO quedó frustrada el 18 de enero de 1985, cuando en una amplia operación en diversas ciudades de España fueron detenidas 18 personas. El 21 de enero de ese mismo año fueron detenidos prácticamente todos los integrantes de los GRAPO que permanecían en activo salvo un par de ellos. A partir de ese momento, esporádicamente se han producido algunas acciones reivindicadas por el grupo, más relacionadas con actividades criminales comunes con el objetivo de obtener beneficio económico que con el terrorismo

Hispanoamérica. Grupos y Organizaciones

Desde mediados de los años sesenta, Sudamérica y Centroamérica se convirtió en un hervidero de grupos terroristas, principalmente de ideología marxista. La zona se convirtió en una parte fundamental del tablero de juego entre los dos bloques enfrentados durante la guerra fría.

La mayor parte de estos grupos iniciaron su andadura como "simples" elementos terroristas para ir siguiendo una evolución natural hasta convertirse en auténticos movimientos insurgentes. En muchos casos, en pequeños ejércitos que desafiaron gravemente la autoridad de los Estados poniendo en jaque en no pocas ocasiones la propia existencia de estos. Así mismo, comenzó a darse un fenómeno hasta entonces inédito: la colaboración con organizaciones criminales con las que compartían ciertos intereses, principalmente para aumentar sus posibilidades de financiación. Ese aspecto, la colaboración cuando no integración de movimientos terroristas con redes de crimen organizado es un fenómeno que hoy día se da con más frecuencia.

- **Perú**

- *Sendero Luminoso:* Su nombre oficial es Partido Comunista del Perú - Sendero Luminoso. Organización Guerrillera de tendencia ideológica marxista, leninista y maoísta originada en el Perú.

Su lema era "Por el sendero luminoso de Mariátegui". La meta de Sendero Luminoso era reemplazar las instituciones peruanas, que consideraban burguesas, por un régimen revolucionario campesino comunista, presumiblemente iniciándose a través del concepto maoísta de la Nueva Democracia.

Fue fundado a finales de la década de 1960 por el entonces profesor de filosofía Abimael Guzmán[41].

---

[41] **Abimael Guzmán:** 03 de diciembre de 1934. Manuel Rubén Abimael Guzmán Reinoso. También conocido por el nombre de guerra «camarada o presidente Gonzalo». Profesor de filosofía y terrorista peruano, fundador y máximo líder del Partido Comunista del Perú-Sendero Luminoso, partido comunista antirrevisionista revolucionario y grupo armado de ideología maoísta. Inició su andadura en 1970, dando comienzo a la conocida como la

En las elecciones de 1980 Sendero Luminoso era uno de los pocos grupos de izquierda que no tomaron parte, y, en vez de ello, optaron por iniciar una lucha armada en las provincias norteñas del departamento de Ayacucho.

Comenzó su actividad terrorista y fue evolucionando, como es característico de los grupos surgidos en esta zona del mundo, hacia un movimiento subversivo y guerrillero. De hecho, son fases del proceso revolucionario que, tanto los grupos de izquierda como los nacionalistas o independentistas trataban de seguir para llegar a lograr o la implantación de un régimen socialista o la independencia. Aunque por lo general estos últimos buscaban ambas cosas, la independencia y la implantación del socialismo revolucionario.

El incremento de la actividad y su transformación en un movimiento guerrillero desató una "Guerra Popular" en la cual participó como principal agente el terror, hasta la captura de su líder, Abimael Guzmán Reynoso en 1992, tras lo cual solo ha tenido actuaciones esporádicas.

Este grupo se caracterizó por su extremada brutalidad, que incluyó violencia aplicada contra campesinos, dirigentes sindicales, autoridades elegidas popularmente, así como ataques a los bienes privados e infraestructura nacional (voladura de torres de alta tensión, destrucción con explosivos de carreteras,

---

«época del terrorismo en el Perú», también llamado «conflicto armado interno», cuyo máximo periodo de actividad se desató en el país entre 1980 y 2000.

puentes, ferrocarriles, refinerías, etc.), a la población civil, personal policial y militar en general.

Se le atribuye la muerte de entre 31 000 y 37 000 personas.

Durante la época de la "Guerra popular" y el terror, Sendero Luminoso llegó a controlar grandes porciones del país e incluso logró tomar el control de ciudades como Jauja, Yurimaguas, Juliaca o Tingo María, además de diversos distritos (en Ayacucho, Apurímac y Huancavelica). En esos territorios implantaría un régimen de protoestado cuya meta principal era reemplazar al entonces débil Estado nacional. Este tipo de actitud ha sido reproducida en nuestros días por grupos como el Daesh o Al Qaeda, aprovecharse del vacío de poder o falta de presencia del Estado en ciertas zonas deprimidas para tomar su lugar y de ese modo lograr que la población los vea como sus legítimos gobernantes. En los territorios que controlaba la organización se hacía llamar República Popular del Perú o República Popular de Nueva Democracia.

Finalmente, en diciembre de 1993, Abimael Guzmán y 17 cabecillas de Sendero Luminoso suscribieron el acuerdo de paz, leído por Alberto Fujimori el 1º de octubre de 1993 en la ONU.

- **Colombia**

- *Fuerzas Armadas Revolucionarias de Colombia*: Organización terrorista, insurgente y guerrillera de extrema izquierda, con una base ideológica Marxista-leninista.

Las FARC se fundaron después de la ofensiva que, con el fin de reafirmar la autoridad del llamado Frente Nacional, el Ejército Colombiano realizó en 1964 contra la "República de Marquetalia"[42], una de las comunidades autónomas creada por autodefensas armadas comunistas. Hasta la década de 1980, las FARC crecieron de manera relativamente lenta.

Las FARC contaban entonces con entre 1.000 y 3.000 hombres. En la Séptima Conferencia, del 4 al 14 de mayo de 1982, bajo el mando del líder político «Jacobo Arenas», se plantearon varias directrices estratégicas nuevas y se reafirmó el principio de la "combinación de todas las formas de lucha": la lucha política y la armada.

A partir de ese momento las FARC se autodenomina "Ejército del Pueblo" (FARC-EP) y se plantea la política del desdoblamiento de frentes, con el objetivo de duplicar el número de integrantes y fijándose fechas para una futura toma efectiva del poder en los años noventa.

También se rechaza cualquier vinculación con el emergente fenómeno del narcotráfico y de sus cultivos. Pero gradualmente durante finales de los años 80 se termina aceptando, porque en

---

[42] **República de Marquetalia:** Pequeño territorio perteneciente a Gaitania, municipio de Planadas del departamento del Tolima en Colombia. Marquetalia fue un enclave de guerrilleros liberales que no entregaron las armas después del periodo de violencia bipartidista de los años 50. Se refugiaron en la zona montañosa de la Cordillera Central, buscando escapar al acoso de las autoridades. Allí también encontraron asilo miles de familias campesinas que huían de la violencia. En este territorio, donde el Estado no ejercía control alguno, habitaba una comunidad de campesinos liderados por Pedro Antonio Marín Marín alias Manuel Marulanda Vélez o Tirofijo y Luis Alberto Morantes Jaimes alias Jacobo Arenas. Ambos, años más tarde se convertirían en fundadores y comandantes en jefe del grupo guerrillero Fuerzas Armadas Revolucionarias de Colombia (FARC-EP).

los campos se constituye como una actividad creciente y muy lucrativa. Se establece el cobro de impuestos a productores y a narcotraficantes como fuente de financiación, mediante el llamado "gramaje". Este patrón de aceptación primero de convivencia con actividades propiamente delincuenciales y la explotación de estas o incluso la colaboración con ellas también lo veremos repetido en los grupos yihadistas que actualmente operan principalmente en la zona del Sahel, aprovechándose de que la zona es un auténtico "hub" de todo tipo de tráficos ilícitos.

El 28 de marzo de 1984, tras una reunión de los líderes de los 27 frentes y del Estado Mayor, se establece un alto el fuego, como parte de los acuerdos firmados con el gobierno de Belisario Betancurt[43] («Acuerdos de Cese al Fuego, Tregua y Paz», conocidos como los Acuerdos de la Uribe). Las FARC formaron la Unión Patriótica (UP) para liderar el movimiento político.

Este intento de negociación fracasó debido en gran medida a dos elementos: las violaciones del cese de hostilidades por las dos partes, y la violencia política de sectores de la extrema derecha.

El narcotráfico, posteriormente también en guerra frontal contra el estado para impedir el inicio de la posible extradición

---

[43] **Belisario Betancurt**: 04 de febrero de 1923. Miembro del Partido Conservador, fue tres veces candidato presidencial, llegando a la presidencia en 1982 y cesando en 1986. Como presidente de Colombia intentó dos procesos de paz con las guerrillas de las Fuerzas Armadas Revolucionarias de Colombia - Ejército del Pueblo (FARC-EP), el Movimiento 19 de abril (M-19), y el Ejército Popular de Liberación (EPL) los cuales fracasaron por la falta de apoyo político y compromiso de ambas partes involucradas.
Tras finalizar su período como presidente, Betancur se abstuvo de participar en la política, dedicándose de lleno a actividades académicas.

de sus miembros a Estados Unidos, decide vengarse contra la guerrilla y los campesinos simpatizantes, financiando escuadrones privados a partir de sus propios grupos de sicarios, incluyendo la participación de asociaciones de ganaderos y propietarios rurales (terratenientes), y contando con la colaboración de varios militares del Ejército colombiano.

Directa o indirectamente, constituyen los inicios de los grupos actualmente conocidos como autodefensas o paramilitares (que, desde 1997, se unirían en torno a las AUC).

En 1987 se conformó un grupo que pretendía unificar las acciones de varias organizaciones guerrilleras en Colombia. Su duración fue desde 1987 hasta principios de la década de 1990. La integraban las FARC, el ELN, el EPL, M-19, el Partido Revolucionario de los Trabajadores y el Movimiento Armado Quintín Lame. Posteriormente, se retiraron de la Coordinadora las FARC y el ELN para continuar por separado la lucha armada.

A inicios de los años noventa, las FARC disponían de entre 7.000 y 10.000 combatientes, organizados en 70 frentes distribuidos en todo el país.

Desde entonces el número de combatientes fue creciendo.

Los sucesivos gobiernos trataron de acabar con la insurgencia mediante operaciones militares a gran escala y tratando de abrir negociaciones de paz.

Varios intentos fracasaron hasta que en el año 2016 se firmaron los Acuerdos de La Habana, que terminaron el conflicto de esta guerrilla con el Gobierno, disolviéndolas como organización alzada en armas para transformarse en un partido político.

- 		*Ejército de Liberación Nacional (ELN):* Organización guerrillera insurgente de extrema izquierda que opera en Colombia. Se define como de orientación marxista-leninista y pro-revolución cubana. Es un actor del conflicto armado colombiano desde su conformación en 1964.

La ideología del ELN incluye el uso de la lucha armada para denunciar y promover la solución de las necesidades sociales de la población frente a la explotación nacional e internacional. Pretende señalar fallos e injusticias dentro de un régimen que no consideran democrático.

Su condición de guerrilla en los 70 y 80 se enmarca en el crecimiento de la Teología de la Liberación; sus integrantes consideran como uno de sus precursores a Camilo Torres Restrepo[44], sacerdote, sociólogo y pionero de esta teología, dentro de una interpretación "marxista-cristiana". El ELN recibió apoyo fundacional de sacerdotes católicos socialistas que se convirtieron en guerrilleros activos.

Básicamente el grupo siguió las mismas vicisitudes que las FARC, con la diferencia que este grupo no ha cesado su actividad

---

[44]**Jorge Camilo Torres Restrepo:** 03 de febrero de 1929. Sacerdote católico colombiano, pionero de la Teología de la Liberación. Recibió la ordenación sacerdotal en 1954 tras cursar los estudios de estudiar ciencias eclesiásticas en la Arquidiócesis de Bogotá. Fue cofundador de la primera facultad de Sociología de América Latina en la Universidad Nacional de Colombia. Se integró en las filas del grupo guerrillero Ejército de Liberación Nacional (ELN). Promovió el diálogo entre el marxismo y el cristianismo.

terrorista. Por el contrario, podría decirse que es un ejemplo de lo que anteriormente se ha descrito como la diplomacia del terrorismo, en este caso usado por el gobierno bolivariano de Venezuela para desestabilizar a su país vecino al cual considera hostil para sus intereses.

Oriente Medio. Grupos y Organizaciones

La tercera ola terrorista estuvo caracterizada por la irrupción de un gran número de grupos terroristas con origen en Oriente Medio. Inicialmente, estos grupos no tenían una motivación religiosa, a pesar de que en cierto modo era un elemento aglutinador. La evolución hacia la religión como elemento motivador fue un proceso gradual y terminó dando lugar a la cuarta ola y a grupos como Daesh y Al Qaeda. No obstante, algunos grupos surgidos en dicha época y lugar aún se mantienen activos, aunque sus motivaciones originales han cambiado, al menos en parte.

El origen recurrente de todos estos grupos, o de la mayoría para ser más precisos estuvo en la lucha del pueblo palestino. Sus acciones fueron dirigidas principalmente contra intereses occidentales o americanos, la mayoría de ellos en suelo europeo. El bloque del Este aprovechó estas circunstancias para inocular en ellos su ideología y utilizarlos como arma en su lucha contra el bloque Occidental. Del mismo modo en que algunos países usaron y usan a los grupos surgidos en su territorio como elementos de acción exterior.

En la relación que se expone a continuación se mencionan a los más importantes o activos, no incluyendo en ella a los dos grupos principales de la cuarta ola, pues son merecedores de un estudio individualizado y no es ese el objeto de esta exposición.

- *Frente Popular para la Liberación de Palestina (FPLP):* Organización revolucionaria marxista-leninista y laica fundada en 1967 por George Habash. Es el segundo grupo en tamaño que forma parte de la Organización para la Liberación de Palestina (OLP), después de Fatah.

A principios de 1968 contaba con entre 1.000 y 3.000 combatientes. Su cuartel general estaba situado en Siria, de dónde provenía su apoyo financiero, y uno de sus campos de entrenamiento estaba situado en Jordania. En 1969 el FPLP se declaró organización marxista-leninista, aunque sin abandonar el panarabismo, ya que consideraba el conflicto palestino como parte de un levantamiento más amplio contra el imperialismo occidental. Esto refuerza la teoría de la manipulación por parte de los países del Este o la asunción de dicha ideología con la finalidad de conseguir su apoyo. El apoyo de la URSS y sus aliados a la causa palestina fue algo público y notorio.

Los miembros del FPLP son palestinos seculares y temen, además, un estado islámico como el que proponen Hamas y la Yihad Islámica. Los cristianos palestinos siempre tomaron parte en organizaciones militantes, pero el FPLP fue la primera con miembros dirigentes cristianos.

Sus acciones entre los años sesenta y mediados de los setenta fueron muy espectaculares y se centraron en el secuestro de aviones o ataques a estos.

Miembros de este grupo bajo la tapadera del nombre Septiembre Negro fueron los responsables de los atentados durante las olimpiadas de Múnich en 1972.

El grupo aún hoy sigue activo dentro del complejo ecosistema que conforma el mundo palestino y sus diferentes organizaciones con sus luchas intestinas.

- *Fatah*: Organización político-militar palestina, fundada en 1958 en Kuwait, por Yasser Arafat[45]. Constituye un componente principal de la Organización para la Liberación de Palestina (OLP), que se creó en 1964, y es miembro consultor de la Internacional Socialista, creada en 1951.

El nombre es el acrónimo en árabe de "Movimiento Nacional de Liberación de Palestina".

---

[45] **Yassir Arafat**: 24 de agosto de 1929. Líder nacionalista palestino, presidente de la Organización para la Liberación de Palestina, presidente de la Autoridad Nacional Palestina y líder del partido político secular Fatah, fundado por el mismo en 1959.2 Arafat pasó gran parte de su vida luchando contra Israel en nombre de la autodeterminación de los palestinos. Tras casi toda una vida luchando contra la existencia de Israel como nación, en 1988 cambió de posición y aceptó la Resolución 242 del Consejo de Seguridad de Naciones Unidas como un paso para lograr la paz en la región.
En 1994, recibió el Premio Nobel de la Paz junto con Shimon Peres e Isaac Rabin, por sus esfuerzos a favor de la paz en Oriente Próximo, y en España, junto con Isaac Rabin, el premio Príncipe de Asturias de cooperación internacional.

En ocasiones también se le ha denominado Organización Abu Nidal.

El grupo ha sufrido diversas escisiones y especialmente a partir de los atentados de Munich trató de desvincularse de las ramas más violentas de la OLP.

Agrupaciones independientes nacidas a la sombra de Fatah, como las Brigadas de los Mártires de Al-Aqsa, han perpetrado diversos ataques a partir de la Segunda Intifada y continúan activos actualmente.

Ejemplo claro de las diferencias en el seno de la organización es que Hamás expulsó a Fatah de la Franja de Gaza en 2007.

- *Hamas*: Acrónimo en árabe que significa Movimiento de Resistencia Islámico. Es una organización palestina que se declara como yihadista, nacionalista e islamista. Su objetivo original, definido en su carta fundacional, fue el establecimiento de un estado islámico en la región histórica de Palestina, que comprendería los actuales Israel, Cisjordania y la Franja de Gaza, con capital en Jerusalén. Sin embargo, en 2017 publicó un nuevo documento de principios según el cual reclama "el establecimiento de un Estado de Palestina completamente soberano e independiente, con Jerusalén como capital en las fronteras del 4 de junio de 1967", enfatizando su carácter nacionalista por encima del religioso, aunque sigue sin reconocer a Israel ni abandonar la lucha armada.

Cuenta con una serie de organizaciones dependientes que desarrollan sus actividades en muy diversos ámbitos, que abarcan desde la asimilación cultural y religiosa a los jóvenes a través de las madrasas a la asistencia social a los palestinos más necesitados.

Tiene un brazo armado, las Brigadas de Ezzeldin Al-Qassam. No obstante, todo el conglomerado que conforma la organización tiene la calificación de terrorista.

Israel ayudó inicialmente a la creación de Hamás, tratando con ello de debilitar a la hasta entonces hegemónica OLP de Yasir Arafat. No obstante, desde su creación formal en 1987 hasta la actualidad, las distintas organizaciones que forman parte de Hamás se han convertido en objetivos prioritarios de las operaciones militares israelíes.

- *Hezbolá*: "Partido de Dios". Organización islámica musulmana chií libanesa que cuenta con un brazo político y otro paramilitar. Fue fundado en el Líbano en 1982 como respuesta a la intervención israelí de ese momento y fueron entrenados, organizados y fundados por un contingente de la Guardia Revolucionaria iraní.

Hezbolá recibe armas, adiestramiento y apoyo financiero de Irán desde su fundación, y ha funcionado con la bendición de Siria desde el final de la Guerra Civil Libanesa.

La forma en que Irán mostró su apoyo militar al presidente sirio Bashar al Asad en contra de los rebeldes fue enviando milicianos de Hezbollah para combatir junto a los soldados sirios. Este es el más claro ejemplo del empleo del terrorismo como herramienta diplomática o de política exterior.

 Su máximo líder es Hasan Nasrallah[46].

En lo que se refiere a su ideología es un caso particularmente curioso por su evolución, en 1985 hizo público su primer manifiesto describiendo su ideología y objetivos, entre los cuales preconizaba la implantación de una República Islámica en el Líbano.

Este objetivo, no obstante, sería redefinido en su segundo manifiesto, de 2009, en el cual, además de omitir toda referencia al establecimiento de un orden islámico en ese país, establece como meta el establecimiento de una democracia mayoritaria y secular.

Como ya se ha mencionado, el fenómeno terrorista es casi tan antiguo como la civilización, aunque tiene su nacimiento como tal a finales del s XIX y alcanza su máximo desarrollo en el s.XX, siguiendo la evolución que se ha relatado anteriormente.

---

[46] **Hasan Nasrallah**: 31 de agosto de 1960. Secretario general del partido político y milicia armada libanesa chií Hezbolá. Accedió al puesto tras la muerte de su predecesor, Abbas al-Musawi, a manos de las Fuerzas de Defensa de Israel en febrero de 1992. Financiada y adiestrada por las fuerzas al Quds iranies, Hezbolá está considerada como organización terrorista por los Estados Unidos, la Unión Europea y otras naciones. Rusia niega este hecho y la considera una organización sociopolítica legítima. La República Popular China, por su parte, permanece neutral y mantiene contactos con la organización.

En la situación actual, el terrorismo con origen o finalidad político es algo testimonial, pues el correspondiente a la definida como "Cuarta Ola" o terrorismo religioso es el que ha tomado el total protagonismo, aunque cada vez más entremezclado con grupos dedicados al crimen organizado y transnacional, lo cual hace que en no pocas ocasiones ambas actividades lleguen a confundirse y sea muy difícil establecer un límite entre una y otra.

No obstante, en los últimos años, y especialmente agravado con la pandemia de la COVID19 que está asolando al mundo, se está produciendo una polarización política y social que hace vislumbrar un futuro preocupante, ofreciéndonos indicios más que plausibles de que la eclosión de una nueva ola en la que resurjan o aparezcan de nuevo grupos armados de motivación política es algo que cruza el umbral de lo "no descartable".

5. TERRORISMO Y CRIMEN ORGANIZADO

El fenómeno terrorista ha experimentado una gran evolución desde los años setenta hasta nuestros días.

Esa evolución, entre otros factores, ha ido de la mano de la globalización, convirtiéndolo en un fenómeno transversal y dando la oportunidad a los grupos terroristas de extender su mensaje, de captar acólitos y de actuar a nivel global.

Al mismo tiempo, esa misma globalización ha favorecido la expansión de los grupos de crimen organizado, facilitándoles la posibilidad de operar transnacionalmente. Los grupos criminales ya no circunscriben su actuación a un territorio concreto o a un país. Del mismo modo que los mercados internacionales se han abierto a cualquier empresa, el crimen organizado ya no conoce fronteras. Al fin y al cabo, el objetivo de una empresa legal es el mismo que el de una banda criminal: obtener beneficio económico.

El fenómeno del Crimen Organizado es en sí mismo un fenómeno complejo, con muchas ramificaciones y que abarca diversos aspectos de la actividad delictiva. Pero en el contexto actual, una de las facetas más preocupantes de este fenómeno es su conexión con redes terroristas que, o bien se aprovechan de estas redes criminales para obtener recursos, financiación y apoyo para cometer sus ataques, o bien se nutren en ocasiones de miembros de estas organizaciones que, en un momento dado y por diversos motivos, dan el paso y se transforman en miembros de grupos violentos aportando su experiencia criminal previa.

Este movimiento es una tendencia preocupante, pero a su vez puede ser visto como una oportunidad a la hora de luchar contra el terrorismo, pues la colaboración de los grupos terroristas con determinadas organizaciones o estructuras criminales puede ser al mismo tiempo una vulnerabilidad.

En este contexto, y volviendo a la acción terrorista, hemos asistido a un cambio radical del mismo. Los antiguos grupos locales o nacionales, con marcado signo político o reivindicaciones territoriales han desaparecido prácticamente, dando paso a un movimiento terrorista global de corte religioso y radical, y cuya reivindicación se basa en la imposición por todos los métodos a su alcance de sus creencias.

Esta "corriente" se caracteriza por una atomización de las células que actúan en Europa, la casi total ausencia de relación personal entre la cúpula dirigente y esas células y el empleo masivo de las redes sociales, tanto para la difusión de su mensaje como para contactar con sus seguidores e impartir instrucciones.

Centrándonos en el terrorismo yihadista, una de sus notas distintiva es la relativa independencia de sus células, llevando a cabo la mayoría de los ataques sin apoyo ni organización alguna por parte de la cúpula.

España es un caso paradigmático de esta evolución. Y el estudio de los diferentes atentados yihadistas sufridos en nuestro país nos es de gran utilidad para identificar las nuevas pautas de comportamiento, tanto de las organizaciones de crimen organizado como de los grupos yihadistas.

Ese estudio demuestra que estamos ante un escenario muy diferente de aquel al que estábamos habituados, y una de las principales características es que las células actuantes han de procurarse los medios para realizar cada una de sus acciones. Es en este punto donde el terrorismo actual converge con las diferentes redes de crimen organizado.

Esa convergencia se da en varios planos y, si bien simplifica enormemente la ejecución de las acciones terroristas, puede ser al mismo tiempo una oportunidad para el seguimiento y detección de la preparación de atentados.

Para las fuerzas y cuerpos de seguridad, al igual que para los servicios de inteligencia, la monitorización de las diferentes redes criminales y sus integrantes es más accesible que la de las posibles células terroristas, pues las primeras son estructuras más estables y perdurables en el tiempo y sus integrantes proceden en su mayoría de entornos conocidos. Por el contrario, las células yihadistas suelen crearse "ad hoc" para cometer los atentados y sus miembros no necesariamente proceden de la misma comunidad.

Terrorismo vs Crimen Organizado

Para darnos cuenta del considerable peso de la delincuencia organizada en la economía mundial, responsables de EUROPOL consideran hoy que la cifra que mueve anualmente esta actividad asciende a 110.000 millones de euros

En la historia de las relaciones entre grupos terroristas y el crimen organizado se pueden identificar dos fases. Tradicionalmente el foco se ha puesto en el nivel organizativo y, sobre cómo terroristas y grupos de crimen organizado han entablado diferentes formas de relación que iban desde relaciones o colaboraciones esporádicas a alianzas más estables o duraderas que podían acabar en cierta convergencia (por unión de intereses comunes) o incluso dar lugar a algún tipo de organización híbrida. Actualmente estamos en una fase en la que el estudio de las redes y sus integrantes han tomado el protagonismo y, se vislumbra como los perfiles de los integrantes de unos y otros grupos, claramente diferenciados en el pasado, se han comenzado a mezclar o confundir entre sí.

Los grupos terroristas tradicionales que operaban en Europa, como ETA en España, eran organizaciones muy jerarquizadas, muy estructuradas, con un férreo control por parte de las direcciones sobre todos sus miembros, sus acciones e incluso el acceso a los recursos de la organización. Eran incluso entidades muy burocratizadas. Sin embargo, las redes yihadistas a las que nos enfrentamos hoy día tienen una estructura y modo de operar muy diferente, debido en gran parte a los avances tecnológicos en lo que a sistemas de comunicación y de difusión se refiere.

Son redes muy transversales, muy horizontales, en las cuales las células frecuentemente jamás han tenido contacto alguno con elementos dirigentes, ni siquiera de medio o bajo nivel. Y donde frecuentemente todo el proceso de captación, formación, adoctrinamiento, preparación de las acciones y transmisión de órdenes se lleva a cabo desde la distancia a través de la red. El nuevo fenómeno ha sabido sacar partido a la vulnerabilidad que supone la globalización y el acceso total a internet o a las aplicaciones que corren por nuestros smartphones. Pero al mismo tiempo, enfrentándose como se enfrentan a una sociedad evolucionada y "tecnologizada", dejar descansar todos sus procesos en esos sistemas es así mismo una debilidad, por lo que han sido capaces de combinar ese modus operandi con otro igual de simple que inteligente: se ignora por completo la tecnología, se deshacen de los teléfonos móviles, las instrucciones se pasan en mano o verbalmente dentro de sus comunidades, a menudo convertidas en guetos, donde su impunidad y seguridad es absoluta, y se mimetizan totalmente con el entorno, tanto en su apariencia física como en el modo de actuar. Con esa forma de llevar a cabo su actividad consiguen una invisibilidad casi absoluta ante los modernos métodos de búsqueda, rastreo y obtención de información. Pero en lo sustancial ambos modos de actuar comparten esa mencionada transversalidad, esa estructura cuya jerarquía se ha simplificado al máximo.

Y este nuevo modo de actuar y de organizarse ha traído una novedad. No se puede hablar de una convergencia entre organizaciones terroristas y criminales como grupos que actúan en escenarios o ambientes diferentes. Ambos tipos de grupos hoy en día se nutren del mismo tipo social. Sus integrantes proceden del mismo "caladero".

Este hecho supone todo un desafío a la hora de luchar contra ellos, pues la antigua convicción de que un terrorista siempre actuaría con un razonamiento totalmente diferente al de un criminal, buscando desestabilizar la sociedad con la finalidad de conseguir sus objetivos, mientras que el segundo simplemente busca obtener algún tipo de beneficio económico o de otra índole, ha desaparecido, difuminándose ambos propósitos, cuando no confundiéndose o mezclándose.

Con la irrupción del DAESH esta tendencia se acentuó, y datos más recientes, si bien con ciertas variaciones según el país del que tratemos, lo confirman.

Un análisis realizado sobre 51 ataques yihadistas en Europa y EE. UU. entre 2014 y 2017 desveló que al menos el 57% de los participantes tenían antecedentes criminales de algún tipo, y que un tercio de ellos había pasado por prisión previamente.

En el Reino Unido, entre 1998 y 2015 el 38% de los delitos relacionados con el yihadismo fueron cometidos por individuos con un pasado criminal demostrado, y la mitad de ellos habían pasado por prisión por delitos no relacionados con el terrorismo.

Del mismo modo, otro estudio realizado en 2015 afirmaba que dos tercios de los alemanes que marcharon a combatir a Siria o Irak en las filas del DAESH tenían antecedentes policiales y, una vez más, un tercio de estos tenían alguna condena previa.

Los datos obtenidos en Francia en ese mismo año y hechos públicos por el portavoz del ministerio de justicia discurren en paralelo a los anteriores. Según se pudo comprobar, el 15% de los 167 radicales islamistas detenidos en Francia acusados de delitos relacionados con el terrorismo habían sido encarcelados previamente por otros crímenes.

Cuando nos centramos en España, los lazos o puntos en común entre organizaciones criminales y terroristas los podemos agrupar en tres diferentes elementos de convergencia: el funcional, el financiero y el ideológico.

Existe lo que podríamos considerar un ecosistema de lugares y espacios donde coinciden potenciales delincuentes buscando intercambiar información, conocer a nuevos socios, comprar y vender productos procedentes de actividades ilícitas o planear futuras acciones. La existencia de estos espacios ofrece una cierta estructura y continuidad a las redes criminales y, lo que es muy importante para esa relación que observamos entre organizaciones criminales y terroristas, permiten que se dé una evolución en el desarrollo de las carreras delictivas de aquellos que los frecuentan. Un proceso en el que se pasa de actividades criminales violentas al extremismo violento ideológico.

No obstante, ese "ecosistema" también ha avanzado, y ya no podemos hablar sólo de espacios físicos de convergencia como pueden ser las prisiones, mezquitas, clubs, bares etc. Ahora encontramos espacios virtuales de mucho más fácil acceso y más difícil control como son plataformas web, redes sociales, foros etc. La mayoría de ellos localizados en lo que se conoce como "deep web". En la actualidad podemos afirmar que la verdadera concurrencia entre ambas actividades se produce en ese nuevo plano virtual.

En definitiva, esa evolución se puede entender como una búsqueda por parte de ciertos individuos de cierta evolución personal, por difícil que nos resulte entender esto. Una progresión que iría de la comisión de pequeños delitos en edad joven a crímenes más graves que desembocarían en la integración en un grupo criminal o terrorista. Y dado que las capacidades necesarias para integrarse en uno u otro tipo de organización son claramente similares, la transición, llegado el caso, es mucho más fácil y sencilla de lo que se podría imaginar.

- **Convergencia Funcional**

Cuando hablamos de la convergencia funcional nos referimos a la relación que se establece entre las capacidades de los grupos criminales y la experiencia de las bandas u organizaciones terroristas. Esto se materializa cuando los criminales se convierten en facilitadores del terrorismo poniendo al servicio de alguna célula o de algún conocido o familiar radicalizado sus capacidades (acceso a armas u otros materiales ilegales, redes de falsificación de documentos, etc.).

Por lo general, el motivo de que se contacte con ellos son sus conocimientos, aunque en no pocas ocasiones esa conexión se produce debido a relaciones anteriores, bien de tipo religioso o familiar.

Otro caso frecuente es cuando este apoyo se produce mediante una integración temporal total o parcial en la célula terrorista. En este caso, la colaboración puede estar motivada por diferentes razones, pero siempre pragmáticas. Los criminales no tienen que ser necesariamente creyentes o radicales. Actúan así por lealtad a algún amigo, miembro de su comunidad o simplemente porque obtienen algún tipo de beneficio económico.

En otros casos, diferentes al anteriormente descrito, en el cual la parte criminal del entramado no conoce la finalidad de su apoyo, hemos visto como los grupos criminales han proporcionado apoyo a células, siendo perfectamente conscientes del resultado potencial de sus actividades. En este tipo de circunstancias, el interés por colaborar nace de relaciones personales, cierta simpatía hacia la causa o ambas. Sea como sea, el conocimiento de ciertas técnicas, los contactos en el mundo criminal y el acceso a fondos procedentes de sus actividades ilícitas son de gran utilidad para los terroristas.

- Convergencia Financiera

En este punto nos encontramos con elementos de corte yihadista que entablan relación con grupos de crimen organizado con la finalidad de costear sus operaciones.

Las posibles fuentes de financiación incluyen todo tipo de actividades ilegales, aun cuando participar en según qué actividades como el tráfico de drogas no case muy bien con los principios religiosos que sirve den justificación para sus acciones.

Las actividades de estos grupos pueden ayudar a sufragar los altos costes que conlleva la preparación de un ataque terrorista y que cubren un extenso espectro que va desde el necesario entrenamiento a la necesidad de contar con pisos franco, locales donde almacenar el material, preparar los artefactos, labores de obtención de información, viajes, etc.

En ocasiones, este tipo de alianzas van más allá y se utilizan para respaldar la actividad yihadista a nivel de organización, obteniendo por medios ilícitos el dinero que llega directamente a las arcas de la dirección de la organización.

En este punto observamos dos categorías. Una con delincuentes especializados en este tipo de operaciones, asimilados a yihadistas, llevando a cabo estos actos de bajo perfil para financiar a las células, y otra con terroristas sin experiencia criminal previa, integrándose en esos grupos temporalmente para llevar a cabo una actuación concreta.

El coste que supone preparar un atentado varía en función del objetivo, los medios empleados y la complejidad de este. Es por ello por lo que, si bien es necesaria una financiación robusta, si lo comparamos con la necesaria para otras actividades, ésta no es desorbitada. Eso significa que ese relativo "bajo coste" se convierte en un elemento facilitador de la actividad terrorista, siempre y cuando no estemos hablando de ataques complejos o de gran magnitud. En ese caso los requerimientos económicos son mucho más elevados, pero al mismo tiempo, en ese tipo de procedimientos es más difícil que se involucren a elementos criminales ajenos a la célula, limitándose la colaboración de estos a ejercicios de bajo nivel, muy alejadas de la planificación y ejecución total del ataque.

Lo relevante del tema que estamos tratando es que preparar una embestida está al alcance de cualquiera, sin necesidad de acudir al apoyo de las organizaciones matriz, y éstas se aprovechan de dicha situación, alentando a sus acólitos a llevarlos a cabo, fomentando indirectamente la colaboración entre delincuentes o criminales y terroristas. La autofinanciación da a los yihadistas la capacidad de actuar independientemente.

Desde el 11 de marzo de 2003 la situación ha sufrido una gran evolución, y los métodos empleados por los yihadistas se han ido adaptando.

Ese desarrollo de la amenaza ha traído asociada nuevas oportunidades, tanto para los terroristas como para los delincuentes. El control efectivo del territorio en Siria e Irak les proporcionó nuevos métodos de financiación, algunos de los cuales, como el tráfico ilegal de obras de arte, necesitan la colaboración expresa de redes de crimen organizado y muy especializadas. Al mismo tiempo, ese mismo dominio sobre territorio y población, añadida a los adeptos que se trasladaron a esas zonas procedentes de otros países musulmanes y europeos, supuso una mayor eficacia en los métodos tradicionales de traspaso de dinero como el "hawala[47]". La ampliación de las redes de este sistema dificulta enormemente su seguimiento. Se calcula que, en solo tres años, más de diez millones de euros han cambiado de manos haciendo uso del "hawala".

Si ponemos el foco en los ataques de Barcelona y Cambrils de 2017, veremos que una vez más la colaboración con redes de delincuentes sirvió para soportar parte de los costes de los atentados. En concreto fue la venta de joyas robadas la que proporcionó el capital necesario para adquirir las más de 100 bombonas de gas almacenadas en la casa de Alcanar. Este caso es también un claro ejemplo de acción que podríamos

---

[47] **Hawala:** Canal informal de transferencia de fondos de un lugar a otro a través de proveedores de servicios conocidos como hawaladars. La mayor parte de las transacciones son llevadas a cabo por trabajadores inmigrantes que viven en países desarrollados.
El empleo del hawala prácticamente no implica costos de operación, es rápido. Requiere poca o ninguna documentación, más seguridad, y es menos burocrático que el sistema financiero formal. Las comisiones cobradas por los hawaladars (avalistas) son inferiores a los del sistema formal, muchas veces extraídas de los diferenciales producidos por el tipo de cambio. La agilidad del sistema viene impulsada por un mecanismo operativo sencillo: se dan instrucciones por teléfono, fax o correo electrónico a los corresponsales y los fondos son recibidos a domicilio en un plazo de 24 horas.

considerar "low cost", autofinanciada y sin apoyo económico de la organización matriz.

Esta convergencia de intereses económicos a la hora de cooperar para obtener beneficios resalta el carácter transnacional y transversal del problema al mezclarse ambos tipos de entramados, llegando en ocasiones a convertirse en uno solo. Los grupos terroristas confían en las redes criminales para de ese modo poder actuar independientemente y sin apoyo exterior, pero eso no quiere decir que a otros niveles no existan profundas y sólidas conexiones en el ámbito europeo e internacional entre organizaciones de ambos tipos, empleando métodos de financiación mucho más complejos y que en ocasiones se han basado en entramados de fraude fiscal o de desvío de dinero a través de consorcios inmobiliarios.

-   Convergencia ideológica

La existencia de unas condiciones que facilitan la convergencia entre delincuentes comunes y yihadistas lleva a que se dé el proceso de salto de un "estamento" al otro cuando delincuentes comunes o miembros de organizaciones criminales se integran en células yihadistas tras un proceso de radicalización y adoctrinamiento fruto de esa estrecha colaboración.

En cierto modo, para algunos delincuentes comunes (hablando principalmente de aquellos de origen musulmán), enrolarse en la yihad es una oportunidad de "redimir" sus pecados utilizando sus conocimientos a favor de la causa religiosa. Por otro lado, la frustración y el desencanto que provoca el estilo de vida al margen de la ley que experimenta un gran número de jóvenes musulmanes de segunda y tercera generación y la incapacidad de llevar una vida acorde con las normas de la sociedad occidental en la que viven los lleva a una situación donde la sensación de pérdida de autoestima es especialmente grave. En ese contexto, el paso de integrarse en el movimiento yihadista es percibido por aquellos que lo dan como una oportunidad de sentirse parte de algo importante y que da sentido a sus vidas, recuperando esa honra o dignidad perdida.

Es, en cierto modo, una manera de romper con un pasado vacío de significado y lleno de insatisfacción, pero sin que necesariamente cambie su día a día, pues al fin y al cabo lo que hacen es dar un sentido más profundo a sus actividades delictivas y una justificación. Aunque ese "salto" sí lleve aparejado un cambio profundo en su visión personal de la vida.

Ese sentimiento de redención se ve reforzado por el hecho de continuar con las mismas actividades, pero ahora ya sujetos a las normas de la yihad, que no hacen sino justificar y dar sentido a estas.

Todas las habilidades desarrolladas durante años de actividad ilegal son útiles para su nuevo papel como activistas extremistas violentos, especialmente la capacidad de mantenerse fuera del objetivo de las fuerzas de la ley. El haber cruzado la línea y estar actuando al margen de la legalidad, situación en la que algunos de ellos incluso se han visto envueltos en crímenes violentos, significa que ya han dado un paso muy importante en el proceso de radicalización y, por lo tanto, el riesgo de pasar a actuar bajo el amparo de grupos que practican la violencia motivada ideológicamente es muy alto.

Bibliografía

Federal Research Division, "The Nexus Among Terrorists, Narcotics Traffickers, Weapons Proliferators, And Organized Crime Networks in Western Europe". Library of Congress. United States Government (2002).

Ricardo Magaz Álvarez, "Terrorismo y Narcotráfico como elementos clave del crimen organizado transnacional y amenaza para la seguridad", Instituto Universitario General Gutiérrez Mellado de la UNED.

Djallil Lounnas," The links between jihadi organizations and illegal trafficking in the Sahel". MENARA Working Papers (2018)

Argomaniz, J., Bermejo, R. "Jihadism and crime in Spain: a convergence setting"

2ª PARTE

1. DESLEGITIMAR LA YIHAD. UNA OPCIÓN VIABLE

13 de febrero de 2015

https://observatorio.cisde.es/archivo/11772-2/

Cuando hablamos de la amenaza a la que nos enfrentamos, muchos interlocutores me hacen la misma pregunta, a mi juicio equivocada, "¿volverán a atentar los radicales islámicos? "y es equivocada porque la respuesta es obvia, dura tal vez, pero obvia: Por supuesto que sí.

La pregunta correcta no es si volverán a atentar, sino cuándo, cómo y dónde lo harán. Sólo la firme convicción de que dichos ataques en suelo europeo e incluso norteamericano son inevitables, nos ayudará a poder minimizar los riesgos y ser más efectivos a la hora de actuar para protegernos. Y asumir dicha evidencia no debe hacernos caer en el pánico, pues otro factor para tener en cuenta es que el objetivo que nos propongamos alcanzar no puede ser la perfección en dicha protección, pues si así fuera estaríamos condenados al fracaso antes de comenzar, y lo que es mucho peor, condenados a la frustración, a la sobreactuación y a un gasto inútil de recursos que nos llevaría a cometer peligrosos errores.

Hemos comenzado hablando de una amenaza, pero ¿cuál es ésta realmente?, ¿A qué nos enfrentamos?,¿Qué es lo que pone en riesgo nuestra seguridad?

Habrá quien piense que la amenaza es el autodenominado Estado Islámico de Irak y Levante. Que es el ISIL quien está poniendo en riesgo nuestra tranquilidad y nuestras vidas. Y que la solución al problema está en combatirlos en Siria e Irak, mediante ataques aéreos o mediante una intervención terrestre. Y eso es así, pero sólo en parte. En primer lugar, porque para combatirlos eficazmente serían necesarias una implicación a la que nadie hoy está dispuesto, y una determinación que hoy por hoy nadie tiene. Y ni aun dándose ambos supuestos lograríamos atajar ese desafío concreto a nuestra seguridad.

Porque me estoy refiriendo a la seguridad real, a la más inmediata, no a la estabilidad internacional, ni a los complejos equilibrios en ciertas regiones, ni a la estabilidad económica o energética. Siendo objetivos y sinceros eso es lo que realmente preocupa, lo que verdaderamente está en juego, la seguridad cotidiana, la tranquilidad de poder salir a la calle, ir a nuestro trabajo sin el temor a que un suicida se inmole en el centro comercial al que hemos ido a hacer unas compras o a que explosione un coche bomba frente al edificio donde trabajamos.

Pero no podemos caer en la falsa creencia de que todo esto es nuevo, seríamos unos incautos si pensáramos que esta situación es totalmente nueva. Probablemente para EE. UU. sí lo sea en cierta medida, pero no para Europa.

El fenómeno terrorista ha estado presente en el Viejo Continente de un modo permanente, con mayor o menor virulencia e implantación, prácticamente desde la década de los 60, con periodos de gran virulencia y origen de diversos signos. Y Europa supo en su momento manejar la situación y controlar de un modo más que aceptable el problema. Es por ello por lo que no debiera en esta ocasión ser diferente, máxime cuando tenemos una gran experiencia en la que apoyarnos para afrontar el problema y asegurarnos el éxito.

El terrorismo actual tiene desde luego, en sus orígenes y motivaciones, connotaciones diferentes y particularidades novedosas, pero en el fondo no deja de ser una amenaza violenta y real igual que la que hemos sufrido otras tantas veces.

La principal característica de este fenómeno es su motivación religiosa, que es quizás la principal diferencia con respecto a los anteriores movimientos terroristas sufridos en Occidente. Y entre sus connotaciones, el aspecto más llamativo, que no nuevo en su totalidad, es el fenómeno de los ciudadanos occidentales que deciden viajar a zonas de conflicto de las cuales regresan perfectamente entrenados, con experiencia en combate y preparados psicológicamente para continuar con su lucha en suelo europeo cuando así se lo ordenen o lo consideren.

La táctica de hacernos tener la sensación de que la lucha se desarrolla en nuestro suelo puede ser muy efectiva si se logra que la sensación de inquietud y temor cale profundamente en nuestra sociedad. Por el momento, y a pesar de lo espectacular o mediático de las últimas acciones llevadas a cabo, eso no ha sido así. Pero sufriremos más ataques y es primordial evitar a toda costa la consecución de ese objetivo.

Esa es la verdadera amenaza y la auténtica preocupación. Y es ahí donde se debe incidir a la hora de buscar la forma de minimizar el riesgo que ello supone.

El inicio de este fenómeno y esta inquietud podemos situarlo en 2003, después de la invasión de Irak. Fue entonces cuando la afluencia de combatientes extranjeros puso en guardia a los servicios de inteligencia occidentales sobre los peligros para la seguridad que estos podrían suponer a su regreso a sus países de origen. Finalmente se comprobó que se había sobrevalorado la amenaza.

El caso del conflicto actual en Siria e Irak es evidentemente diferente, si bien puede que, de nuevo, en cierta medida, se esté magnificando la amenaza, y tan problemático puede ser una falta de atención o de diligencia como esa sobrevaloración.

Si sólo nos atenemos a las noticias de trazo grueso sobre la afluencia de combatientes occidentales a las filas de la yihad, de un modo interesado o no, el panorama planteado puede parecernos poco menos que apocalíptico.

En cambio, la realidad, si bien no es tranquilizadora, es menos tremendista.

Según datos del mes de septiembre de 2014, hasta esa fecha, del total de combatientes extranjeros en el conflicto de Siria e Irak los procedentes de países europeos o de EE. UU. representaban un 25%, estimándose el número total de estos entre 2000 y 3000, de los cuales 100 serían norteamericanos.

Buscar las causas que lleva a jóvenes europeos a radicalizarse e iniciar el viaje que los llevara a vivir su ansiada yihad es algo muy complejo, y tratar de incidir en estas, si bien es este punto inicial el más conveniente para atajar todo el proceso, es algo más delicado aun por la fuerte carga religiosa y moral que tiene esa radicalización.

Sólo atacando a la base de esa justificación moral que dan a su lucha se puede revertir en cierto modo ese proceso o evitar que llegue a su culminación.

Es en ese momento cuando tenemos la oportunidad de ser proactivos, de llevar la iniciativa y de marcar realmente la estrategia a seguir, no siendo además necesario identificar a los elementos de mayor riesgo, pues la audiencia objetivo de nuestras acciones habrá de ser la mayor masa posible de individuos potencialmente proclives a la radicalización. Y todo esto no debe verse como una generalización, sino como una forma incluso de proteger a esa mayoría que jamás se planteará dar ese paso.

Todo lo que sea actuar más allá de ese momento será una acción reactiva en la que siempre iremos por detrás de nuestros objetivos, los cuales, si consiguen culminar su ciclo, aumentará el riesgo de que acaben actuando en nuestro territorio.

En este campo muchas son las ideas y propuestas que hay sobre la mesa, incidiendo la gran mayoría de ellas en la educación, la integración e incluso en ofrecer en el caso del conflicto sirio, alternativas solidarias de carácter humanitario para ayudar a los grupos que luchan contra el régimen de al-Asad. Esta opción se basa en la creencia de que de ese modo se canalizarán las ansias de apoyar a sus hermanos musulmanes por una vía pacífica y que así se reducirá el número de los que deciden iniciar el camino de la yihad para cumplir esa obligación moral de colaborar con los que allí luchan.

Esas medidas pueden tener cierto efecto, pero de nuevo aquí se han de tener en cuenta las especiales connotaciones religiosas del problema, las características del islam y las convicciones y obligaciones morales que impone.

Por ello, y para socavar dichas convicciones y condicionamientos, para minar esa voluntad de lucha, la pieza clave es la legitimidad de esta, incidir en el descrédito de esas razones, la deslegitimación de las acciones y de sus motivaciones.

Esas son las dos palabras clave, "descrédito" y "deslegitimación".

Es fundamental mostrar a esa "audiencia objetivo" las acciones reales de aquellos que les llaman a hacer la yihad y las de los que han dado el paso. Hacer hincapié en la división real que existe sobre el terreno entre sus diferentes facciones, cuyos objetivos, intereses y motivaciones no son homogéneos en ningún caso, lo cual lleva a que muchos de los que abrazan la yihad acaben paradójicamente luchando contra "hermanos" que han seguido su mismo camino en lugar de hacerlo contra quien consideraban su enemigo.

Y para apoyar dichas acciones es imprescindible mostrar los numerosos ejemplos de aquellos que se fueron y, o bien perdieron la vida haciendo algo muy distinto a lo que creían que iban a hacer o, más importante aún, los de aquellos que regresaron totalmente desencantados y decepcionados con lo que han visto o hecho.

Esa desilusión, esa frustración y desencantamiento son las semillas que sembradas de un modo adecuado y en los terrenos apropiados pueden dar como fruto una drástica disminución en los planteamientos radicales.

Pero no nos engañemos, será un proceso lento, laborioso y en el que se ha de ser muy meticuloso, sobre todo para no tocar ni entrar en el espinoso y sensible campo de la religión y las convicciones morales; plantear la batalla por ese camino es erróneo y de seguro provocará el efecto contrario al deseado.

Pero siempre, hagamos lo que hagamos, habremos de tener en cuenta, como premisa principal, la respuesta a la pregunta formulada al comienzo para evitar frustraciones. Nuestra frustración y nuestro nerviosismo siempre serán nuestro peor enemigo y su mejor baza.

2. LA SEMILLA DEL DAESH. NUESTRO LEGADO

31 de octubre de 2015

https://generaldavila.com/2015/10/31/la-semilla-del-daesh-nuestro-legado-comandante-lucas-martin-serrano-2/

Como era de esperar, el interés por todo lo que acontece en torno al Daesh ha decrecido enormemente, y no porque hayan dejado de producirse hechos relevantes o porque la presión que ejercen en su zona de influencia haya disminuido. Evidentemente los grandes atentados o las acciones más espectaculares siguen ocupando su pequeño espacio en las noticias diarias, pero poco más. Es un tema ya demasiado "gastado" y hay que buscar nuevas noticias que atraigan la atención de la opinión pública, pues de eso se trata, ¿no?

Incluso las impactantes decapitaciones o ejecuciones por los métodos más crueles han pasado a un segundo plano. Es más, a la vista de la información que nos llega, cualquiera pensaría que han dejado de producirse, que las atrocidades han cesado. Y como ejemplo sólo mencionar el asesinato del ciudadano croata Tomislav Salopek[48] hace unas semanas, o la ejecución de cuatro

---

[48] **Tomislav Salopek:** Topógrafo croata de 31 años que trabajaba para la empresa francesa Compagnie Générale de Géophysique (CGG). Fue secuestrado el 22 de julio de 2015 cuando se dirigía a la base de CGG cerca de El Cairo. Un grupo armado detuvo su coche y obligó a su conductor a abandonar el vehículo para después huir con él en dirección desconocida.

El 5 de agosto de 2015 apareció en Internet un vídeo en el que el grupo afiliado al ISIL, conocido como Provincia del Sinaí, obligaba al rehén a leer una nota en la que se fijaba

soldados sirios quemados vivos. Ambos hechos han recibido bastante menos atención informativa que otros similares sucedidos hace sólo unos meses. Sólo los ataques en suelo propio causan un cierto impacto, eso sí, mucho menor también. De nuevo tenemos un ejemplo muy reciente, el atentado frustrado en el tren entre Ámsterdam y París.

Esta creciente indiferencia, como podríamos calificarla, es muy peligrosa. Estamos poco a poco olvidándonos de un problema que, aunque muchos ven lejano, está más próximo en el tiempo y el espacio de lo que imaginamos.

Además, recientes acontecimientos como la crisis migratoria que está sufriendo Europa han tomado el relevo de los focos de atención mediática. Aunque eso sí, poco o nada se está profundizando en el origen o causa de esta crisis y en los motivos por los que ocurre precisamente ahora. Es un tema más que interesante y que merece un capítulo específico. Solo apuntaré que de nuevo parece que suframos de un ataque de amnesia.

Pero volviendo al objeto de estas líneas, como ya he mencionado en otras ocasiones, soy de la opinión de que no somos

---

un plazo de 48 horas para que el presidente egipcio, Abdel Fattah al Sisi, liberara a las "presas musulmanas de las cárceles egipcias" bajo amenaza de asesinarle si no se cumplían sus exigencias. En el video Salopek aparecía arrodillado mientras un hombre enmascarado con un cuchillo en la mano estaba situado a su lado.
El 12 de agosto de 2015, círculos próximos al ISIL comenzaron a compartir en redes sociales una fotografía en la que supuestamente aparecía el cadáver decapitado de Salopek. Enterrada en la arena junto al cadáver estaba la bandera utilizada por el ISIL.
Posteriormente el ISIL declaró que la ejecución del ciudadano croata era una venganza contra Croacia por su participación en la coalición internacional contra el ISIL.

conscientes de la magnitud de problema al que nos enfrentamos. O tal vez sea mucho más cómodo no querer ser conscientes de ello. El único inconveniente de esta actitud es que cuando por la tozudez de la realidad recuperemos esa conciencia, ya será demasiado tarde, y quienes se encontrarán frente a frente con esa situación no seremos nosotros, sino nuestros hijos; y serán ellos los que habrán de enfrentarla cuando ya sea tarde. Y tendremos que entonar el "mea culpa" por nuestra falta de decisión e inacción.

Es muy complicado tratar de comprender el problema que supone el Daesh, y mucho más, afrontarlo, atendiendo sólo a nuestro esquema mental. En primer lugar, hay que entender el contexto religioso y cultural en que se desarrollan las sociedades con mayoría musulmana. Y para ello, leer y conocer el Corán es fundamental. Hay que dejar de andarse con rodeos, de buscar siempre lo políticamente correcto y llamar a las cosas por su nombre. Y eso no debe ser motivo de ofensa para nadie.

Puede parecer una obviedad, pero hay que recordar que el islam es la raíz origen del terrorismo islámico. El islam es una parte fundamental en la fundación ideológica del islamismo, que, a su vez, es la principal base sobre la que se sustenta el terrorismo islámico, complementado generalmente con el nacionalismo radical de izquierdas.

Esta función ideológica está a su vez reforzada con una serie de variables de base social. El islam proporciona una masa social para el desarrollo del islamismo, y un gran apoyo social a este a la vez que una extensa red de protección.

A su vez, y cerrando el círculo, el islamismo proporciona una masa social base y una red de apoyo al terrorismo islámico.

Y dentro de todo este entramado, y ese es el punto sobre el que quiero llamar la atención, un pilar fundamental es la educación, que unida a la concepción del tiempo que tiene el Daesh, es la más letal de sus armas.

Dentro de lo que podemos considerar la campaña INFOOPS del Daesh, a la que ya he hecho referencia en anteriores ocasiones, se puede comprobar que está volcando un gran esfuerzo en el reclutamiento de combatientes extranjeros. Una de las razones principales de esta captación es la ausencia total en estos de vínculos familiares, emocionales, incluso de raza y de apego hacia el lugar donde van a luchar. El único vínculo necesario es el religioso. Ello hace que estos combatientes tengan mucha más facilidad para mostrarse tan despiadados como sea necesario. De hecho, los autores de las ejecuciones más sanguinarias pertenecen a este grupo de combatientes.

Pero a la vez que se reclutan combatientes también se lleva a cabo una labor de captación de mujeres e incluso de familias enteras. Y esto es probablemente lo más grave. Ahí es donde reside el verdadero peligro.

El Daesh pretende funcionar como Estado. Controla ya un vasto territorio en el que está implantando sus propias estructuras que incluyen una suerte de servicios de atención social con apoyo a las familias que allí se instalan. Al mismo tiempo, ese territorio que gobierna, le proporciona gran parte de los recursos económicos necesarios, habiendo incluso anunciado ya la creación de una moneda propia. Si a todo lo anteriormente expuesto añadimos la particular concepción del tiempo que tiene la cultura islámica y la convicción que tienen los miembros del Daesh de estar ejerciendo a voluntad de su Dios, entonces podremos tener una idea de la magnitud del problema.

El Daesh y la implantación del Califato, no es un proyecto a corto ni a medio plazo. Ellos tienen la vista puesta mucho más allá. De momento han logrado obtener un espacio vital, la tierra en la que plantar su "semilla", y que a su vez les permite obtener lo necesario para regarla convenientemente. Esa semilla no son los combatientes, sino las familias que se están formando, las mujeres que están acudiendo a su llamada y los niños que están naciendo y creciendo dentro del Daesh. Y la semilla está germinando y creciendo delante de nuestros ojos sin que seamos capaces de darnos cuenta.

Los actuales integrantes del Daesh son musulmanes que, en su mayoría, en un determinado momento, ya con cierta edad, por un motivo u otro, o bien se radicalizaron, o bien han sentido la llamada de éste para combatir en sus filas. Pero no dejan de ser personas que en un momento u otro de su vida, han conocido algo diferente a esa visión radical, al menos la mayoría de ellos.

En cambio, hoy en día, en el Daesh, hay miles de familias con hijos. Esos niños, desde que nacen, están siendo educados en una visión totalmente radical y fanática de la vida. Niños que no conocerán nada más que eso y que percibirán el vivir con el odio y con la idea de destruir a los que consideran sus enemigos, es decir los no creyentes, como algo normal. Y para que la labor no quede a medias, esos niños se están educando no sólo en ese islamismo más radical y en el odio a occidente, sino que están siendo adiestrados para combatir. Son innumerables los videos que dan prueba de ello. A la vista de esto creo que es obligado preguntarse, "¿y nosotros?, ¿cómo estamos educando a nuestros hijos? ".

Esa es la planta que ya está creciendo. Si pensamos que tenemos un problema con el Daesh estamos muy errados. El problema lo tendrán nuestros hijos y nietos. Pues mientras que nosotros, sus padres, no hacemos nada por poner una solución, presas del buenismo, el desahogo y la falta de compromiso y valores, educando a nuestros hijos en una mentalidad egoísta, individualista y basada principalmente en la búsqueda de la comodidad, en otra parte del mundo, entre Siria e Irak, hay quien está educando y preparando a los suyos sólo para una cosa: combatir y sacrificarse para lograr su objetivo. Un objetivo que, además, en su mentalidad, trasciende lo humano y lo material.

Ese es el verdadero problema. Que con nuestra inactividad estamos trasladando el problema a la generación venidera. La batalla habrán de librarla ellos, y no sólo no estamos tratando de evitarlo, sino que no les estamos preparando para ello.

3. UN SALTO CUALITATIVO

24 de marzo de 2016

https://www.ieee.es/Galerias/fichero/docs_opinion/2016/DIE
EEO30-2016_SaltoCualitativo_Daesh_MartinSerrano.pdf

Pasados ya unos meses desde de los ataques de París, y después de asistir a interminables discusiones sobre lo que es el DAESH, su origen, las causas de la situación que afrontamos, cómo definimos a ésta y cuál es la mejor forma de reaccionar, es interesante abstraernos un poco de todo ello y, si en ocasiones es interesante alejar el zoom y abrir el campo visual para lograr un entendimiento completo de lo que sucede, ahora debemos aproximarlo para reparar en algunos aspectos concretos de esos ataques que pueden ofrecer una idea cercana de lo que realmente significan, aportar indicios sobre lo que puede suceder y llevarnos a interesantes conclusiones.

La primera evidencia que destacaron gran parte de los analistas es que esta operación significa un salto cualitativo en cuanto a su preparación y organización. Dista mucho de ser la acción más o menos coordinada de uno o dos "lobos solitarios" que en un momento dado deciden pasar a la acción. Por más sangrientos y espectaculares que fueran los ataques de Charlie Hebdo[49] o del

---

[49] **Atentado Charlie Hebdo:** 07 de enero de 2015. Charlie Hebdo es un semanario satírico francés. El 07 de enero de 2015 sufrió un atentado cuando dos hombres enmascarados, armados con fusiles de asalto entraron en sus oficinas abriendo fuego «Al·lahu-àkbar» ('Alá es [el] más grande') contra el personal que se encontraba en ese momento en las dependencias, matando a doce personas e hiriendo a otros once. Durante su huida también asesinaron a un oficial de la Policía Nacional de Francia poco después. Los

Hiper Marche[50], o el intento de ataque en el tren entre Ámsterdam y Paris, incidente éste rápidamente olvidado, no dejaron aquellos de ser acciones individuales o aisladas, por no hablar de la decapitación del empresario francés a manos de uno de sus empleados.

Por todo ello, la intención es desgranar la parte más táctica y técnica de lo acontecido para, una vez obtenidas las conclusiones, alejar de nuevo el foco y tratar de vislumbrar que implicaciones tiene esta acción.

En esta ocasión nos encontramos con tres equipos bien organizados y coordinados, cada uno con una zona de acción bien delimitada y con una misión específica. La suma de las misiones concretas de cada uno de los grupos buscaba lograr el objetivo principal del ataque, que no era otro que poner en jaque a toda una ciudad como París, saturar sus servicios de emergencias y crear un pánico generalizado que habría sido muy difícil de controlar, aún más teniendo en cuenta que la máxima autoridad del país se habría visto atrapada en medio del caos. Además, el hecho de que fueran tres grupos

---

asaltantes se identificaron como pertenecientes a Al-Qaeda en la Península arábiga (la rama de Al Qaeda en Yemen), que asumió la responsabilidad por el ataque. Los autores fueron identificados como los hermanos Chérif y Saïd Kouachi, de origen argelino y nacionalidad francesa.

[50] **Atentado del supermercado Hiper Marche**: 09 de enero de 2015. El 8 de enero de 2015, Amedy Coulibaly, ciudadano francés de origen maliense próximo a los hermanos Kouachi, autores del atentado contra el semanario Charlie Hebdo, mató de un disparo a una policía municipal e hirió gravemente a otra persona en Montrouge. Al día siguiente, tomó como rehenes a varios clientes de un supermercado kósher en la puerta de Vincennes, también en París y mató a cuatro rehenes judíos, antes de ser abatido durante un asalto llevado a cabo unidades de élite de la Gendarmería francesa. Coulibaly afirmaba actuar en nombre de la organización yihadista Estado islámico.

independientes con objetivos distintos garantizaba un éxito al menos parcial que en el peor de los casos crearía confusión y repercusión mediática.

Una acción de tal magnitud, y en lo que para los atacantes es territorio hostil, necesita una planificación milimétrica en lo táctico y en lo técnico, así como en la parte logística.

Comencemos por la parte táctica. Atendiendo a la secuencia de hechos, todo estaba preparado para iniciarse en torno a las 21:30. Según la policía, a las 21:20 el primer atacante activó su chaleco explosivo en la puerta D del estadio de Saint Denis. Este atacante intentó acceder al estadio con una entrada válida. Esto nos indica que el objetivo era explosionarse dentro del estadio, lo cual tiene sentido por los efectos que causaría. Si al ser cacheado fue descubierto, caben dos opciones, que él mismo activara el explosivo o que un "controlador" lo hiciera por él. Y aquí hay que hacer una precisión. Es una TTP *(tácticas, técnicas y procedimientos)* habitual de los grupos que usan atacantes suicidas el que el sistema de inicio de los artefactos este doblado de tal modo que, si por algún motivo el suicida decide no inmolarse en el último momento, tiene dudas, si algo sale mal, si es abatido, o falla su dispositivo, ese controlador pueda finalizar la acción.

Los otros dos miembros del equipo que tenía como misión inmolarse dentro del Estadio abandonaron la zona, explosionando sendos artefactos a las 21:30 cerca de la puerta H del Estadio, y a las 21:53 en una ubicación algo más alejada, junto a un McDonalds. El hecho de que lo hicieran en solitario y sin causar víctimas, teniendo además uno de ellos la opción de actuar en el interior de ese icónico restaurante, símbolo de uno de sus mayores enemigos, nos indica que probablemente, debido al desconcierto por el fallo de su misión inicial, y seguramente a su juventud, el "controlador" fuera quien activara los chalecos ante el temor de que sus portadores no lo hicieran y fueran capturados.

Pero volvamos a la secuencia general. Si todo hubiera seguido su curso, justo después de las explosiones que deberían haber sucedido en el interior del Estadio, comenzaron los ataques contra los restaurantes Le Petite Cambodge y Le Carrillón por parte del segundo equipo, desplazándose de norte a sur, exactamente a las 21:25. Ese mismo equipo continuó avanzando y atacó el restaurante Casa Nostra y el Café Bonne Biere a las 21:32.

A las 21:36 entra en acción el tercer y último equipo en la misma zona, pero avanzando de sur a norte, con una clara intención de batir a los que huyeran de los ataques previos. Según avanzaban calle arriba atacaron el restaurante La Belle Equipe y La Brasserie Comptoir Voltaire a las 21:40. Si nos fijamos detenidamente en el mapa, este equipo se desplazó siguiendo las naturales vías de escape de quienes huían del primer tiroteo. Esto nos indica de nuevo una meticulosidad extrema en la preparación y un estudio concienzudo del terreno.

Ambos equipos estaban compuestos por tres hombres. De los pertenecientes al equipo que atacó de sur a norte uno se inmoló y dos huyeron. El otro equipo fue el que se introdujo en la sala Bataclán y causó el mayor número de bajas, pereciendo el equipo al completo.

En este punto, la incógnita es por qué huyeron esos dos atacantes. Probablemente fueran los líderes de toda la operación y estuviera planeado así desde un primer momento. Es más, incluso puede que fuera uno de ellos el controlador del que se inmoló junto a La Brasserie Comptoir Voltaire, pues de nuevo dicho suicidio no causo ninguna víctima mortal.

Centrémonos ahora en la parte técnica. La gran diferencia, y el gran salto cualitativo es sin duda el empleo de chalecos explosivos. Este dato puede parecer banal, pero tiene suma importancia. No sólo por el hecho del empleo de los chalecos en sí, sino por el explosivo empleado. El Peróxido de Acetona o TATP es un compuesto muy usado por grupos terroristas, siendo el explosivo empleado por ejemplo en los atentados de Londres[51], y es relativamente sencillo de obtener a partir de materiales de uso doméstico. Pero también es muy sensible, por lo que para su preparación se requiere bastante conocimiento y

---

[51] **Atentados de Londres:** 07 de julio de 2007. El jueves 7 de julio de 2005, cuatro explosiones paralizaron el sistema de transporte público de Londres en plena hora punta matinal. A las 8:50 a. m., explotaron tres bombas con 50 s de intervalo entre una y otra, en tres vagones del metro de Londres. Una cuarta bomba explotó en un autobús a las 9:47 a. m. en la plaza Tavistock. Las bombas provocaron una interrupción severa en el transporte de la ciudad y la infraestructura de telecomunicaciones.
En los ataques fallecieron cincuenta y seis personas, incluidos los cuatro terroristas sospechosos y 700 personas más resultaron heridas.

experiencia. Todo ello nos puede llevar a concluir que los atacantes tienen en nuestro territorio, y me refiero no sólo a Francia, sino a toda la UE, a personal capacitado para montar estos dispositivos, personal que por otro lado es un recurso crítico, por lo que su seguridad será una prioridad para ellos. Y quien es capaz de montar un chaleco explosivo puede preparar un coche bomba o un vehículo suicida. Es decir, la evolución de la amenaza es más que evidente.

E íntimamente relacionado con el punto anterior, tenemos el aspecto logístico. Para llevar a cabo esta operación ha sido necesaria una infraestructura de apoyo muy sólida y segura. De nuevo hay que recalcar que están operando en lo que para ellos es territorio enemigo, y la presión de los servicios de inteligencia es muy alta. Dicha infraestructura les ha permitido permanecer tiempo en zona para elegir los objetivos, estudiar el terreno, comprar los componentes para fabricar el explosivo y, sobre todo, instalar un "taller" donde preparar los chalecos, sin descartar también la existencia de un almacén donde estos hayan permanecido escondidos hasta el momento de su utilización junto con el resto del material utilizado y donde puedan ocultar cualquier dispositivo que preparen como los citados coches bomba.

En cuanto a las armas, algo de lo que en su momento se habló mucho, es un tema menor. Desgraciadamente, hoy día, en cualquier país de Europa se puede conseguir prácticamente de todo en el mercado negro. Sólo se necesita el contacto adecuado y dinero. Y dada la falta de controles fronterizos, una vez dentro de la UE, las armas pueden moverse casi con total tranquilidad.

De todo lo anteriormente expuesto, y una vez extraídas las conclusiones parciales de las que hablábamos al comienzo, podemos llegar a definir el salto cualitativo en todos los órdenes que ha supuesto este ataque.

En primer lugar, nos ha demostrado que la infraestructura que tiene el Daesh en Europa es muy extensa y está bien consolidada. Especialmente y por diversos motivos en Bélgica, pero también en la propia Francia. Uno golpea donde tiene más facilidad y apoyo para hacerlo, pero nunca en el lugar que usa como refugio, que suele ser próximo (y por desgracia en España sabemos muy bien de lo que hablamos).

Esta infraestructura incluye una red de apoyo lo suficientemente desarrollada como para mover personal y material, proporcionarles la seguridad necesaria, así como con la capacidad de realizar reconocimientos en detalle de los posibles objetivos.

En cuanto al personal que tienen entre nosotros este ataque revela que ya no se trata sólo de islamistas aislados y fanatizados a través de la red o en las numerosas mezquitas clandestinas donde se adoctrina en el radicalismo, ni de combatientes retornados dispuestos a llevar la yihad a territorio europeo, o de los llamados lobos solitarios. Entre sus integrantes se encuentra personal cualificado, capaz de manipular explosivos y de construir artefactos complejos. Este tipo de combatientes es un recurso crítico, y la evidencia de su presencia en territorio europeo es la mayor prueba tanto de la extensión de la infraestructura como del aumento deliberado de sus capacidades y sus intenciones. Por otro lado, es más que probable que al igual que han hecho otros grupos organizados en el pasado, y de nuevo aquí hemos de apelar a nuestra experiencia, sean diferentes grupos los que realizan el reconocimiento del terreno, seguimiento de los objetivos, y los que llevan a cabo la acción. Lo cual, una vez más, nos lleva a intuir una asentada organización, una red permanente y bien estructurada.

La gran diferencia con lo ocurrido hasta ahora e incluso con los atentados llevados a cabo en el pasado por Al Qaeda, como el de Londres, por poner un ejemplo, es que, en esa ocasión, la red que establecieron los terroristas fue prácticamente ad hoc para dicho ataque, del mismo modo en que parece haber sido hasta ahora. Estructuras puntuales creadas para llevar a cabo una acción específica.

Pero la amenaza ha evolucionado. El Daesh tiene otro concepto de su lucha. Interpreta ésta como una guerra en toda regla, y su obsesión es llevar la lucha a la puerta de las casas de quien considera su enemigo, no con ataques puntuales y esporádicos, sino de un modo más constante y eficaz. Y para ello necesita una infraestructura sólida, una potente red de apoyo y el personal formado necesario.

Y el ataque de Paris nos demuestra que ese paso puede haberse dado ya. Y no solo ese ataque, sino evidencias como la imposibilidad de localizar a los integrantes del comando huidos, la no identificación de quien preparó los chalecos y por supuesto los intentos frustrados hasta ahora de nuevos ataques en diversas capitales europeas.

Esos éxitos policiales son evidentemente fruto del trabajo incansable de las fuerzas de seguridad para combatir a los yihadistas, pero también indican una mayor actividad del Daesh, y no solo eso, sino una mayor preparación de sus ataques. Al prolongarse esa preparación y tratar de que estos sean operaciones de mayor alcance dan a su vez más oportunidades para su descubrimiento y desmantelamiento, pero también es la prueba de que sus capacidades están aumentando, de que ya no se trata de golpes puntuales contra objetivos de oportunidad por personal que actúa de manera casi autónoma. Podemos estar en definitiva ante un aumento en los intentos de golpear de nuevo, pero de un modo más organizado, dirigido y planificado por la cúpula del Daesh en lo podríamos considerar una campaña de su guerra contra occidente. Esto debe llevarnos a tener la certeza de que sin duda volverán a hacerlo, pues cuentan con los medios y con la voluntad de hacerlo, los dos factores indispensables en la ecuación. La única duda es cuando y donde.

Bibliografía

ISIS Terrorist Attack in Paris. Initial Overview and Implications. The Meir Amit Intelligence and Terrorism Information Center, http://www.terrorisminfo.org.il/Data/articles/Art 20910/E 21 0 15 938363285.pdf

Paris attacks: 'mother of Satan' explosive TATP used by terrorists, http://www.theaustralian.com.au/in-depth/paris-terror-attacks/paris-attacks-mother-of-satan-explosive-tatpused-by-terrorists/news-story/85b952d41a3b4a85e9621eda304dd76e

Explosives linked to London bombings identified, 15 de julio de 2005 https://www.newscientist.com

OLSON Dean T. Tactical Counterterrorism: "The Law Enforcement Manual of Terrorism Prevention" ebook

HOLEHOUSE Mattheu, Explosives, belts and fingerprints found in Paris attack flat, TheTelegraph,(8.1.2016) http://www.telegraph.co.uk/news/worldnews/europe/belgiu m/12089051/Explosives-belts-andfingerprints-found-in-Paris-attack-flat.html

El mercado negro de armas y la yihad, ISPE 927, 23 febrero 2015, http://www.politicaexterior.com/articulos/informe-semanal/ispe-927-23-febrero-2015/

4. DAESH vs AL QAEDA. LA LUCHA POR LA SUPREMACÍA A LAS PUERTAS DE EUROPA

11 de julio de 2016

https://www.ieee.es/Galerias/fichero/docs_opinion/2016/DIE EEO70-2016_Daesh-AlQaeda_LuchaSupremacia_L.MartinSerrano.pdf

Introducción

Los países del Sahel y del Oeste de África se enfrentan a nuevos peligros y desafíos. Numerosos y consistentes indicios sugieren que la zona se está transformando en el escenario de la cada vez más agresiva confrontación entre las dos organizaciones terroristas más prominentes del escenario internacional, con todo lo que ello significa en términos de amenaza para la paz y la seguridad en la región y por ende en Europa, especialmente en España.

La aparición del llamado Estado Islámico, en adelante DAESH, su rápida expansión en Siria e Irak y la proclamación de un Califato que trasciende las fronteras internacionales establecidas ha creado las condiciones para un intenso enfrentamiento dentro del movimiento yihadista. El tradicional escenario en el que nos movíamos, con una amenaza de corte sunní, ha cambiado de tal modo que lo que ahora nos acecha es una pugna entre dos grupos, Al Qaeda y el DAESH, que compiten el uno contra el otro por lograr la hegemonía en el citado movimiento islamista radical.

La rivalidad entre ambas organizaciones no es algo que haya comenzado ahora. Ha permanecido latente y, hasta cierto punto, se ha mantenido oculta, desarrollándose en terreno neutral y nunca mediante confrontaciones directas entre los dos grupos. Pero la realidad es que ambos grupos estaban y están preparados para el enfrentamiento "cara a cara" definitivo, cuyo momento parece haber llegado. El conflicto está a punto de transformarse en un violento choque que será sangriento y puede tener efectos devastadores para la estabilidad de la región primero, y para los países del sur de Europa después.

Al Qaeda (AQ) representa a la vieja guardia del movimiento yihadista internacional, cuya eclosión tuvo lugar a finales del siglo XX y comienzos del XXI. El DAESH conforma una nueva generación de yihadistas que ven el camino señalado por Abu Musab al-Zarqawi[52] en Irak como el modelo más efectivo y legítimo, lo que no deja de ser significativo.

La relación entre AQ y los grupos predecesores del DAESH nunca fue fácil ni estable. En los comienzos de éste en Irak, el grupo no era más que otra franquicia afiliada a AQ, y técnicamente debía someterse a la autoridad y las órdenes de Al

---

[52] **Abu Musab al Zarqaui:** 20 de octubre de 1966. Militante musulmán salafista y terrorista jordano. A finales de los ochenta viajó a Afganistán para luchar junto a Osama bin Laden, pero no llegó a tiempo de participar en los combates contra el invasor soviético. Tras diversas vicisitudes y su ascenso en el escalafón de la organización terrorista Al Qaeda el propio Bin Laden, en diciembre de 2004, lo confirmó mediante un comunicado como jefe de la organización en Irak. Murió en 2006 a consecuencia de un ataque aéreo norteamericano.

Qaeda Central (AQC). Pero la realidad es que, con más frecuencia de lo deseable para AQC, sus órdenes para que el nuevo grupo cesara en sus acciones de desmedida violencia, a las que procuraba dar toda la publicidad posible, o en sus ataques indiscriminados, eran ignoradas. Todo ello derivó en que, para cuando ese nuevo grupo comenzó a mediados de 2006 a autodenominarse Estado Islámico en Irak, la relación con AQC era, en el mejor de los casos, poco clara.

El devenir de los acontecimientos ha ido evolucionando de tal modo que desde 2014 ambas organizaciones han estado luchando entre sí en Siria y han entrado en un enfrentamiento dialéctico a nivel internacional.

En los últimos años, DAESH ha evolucionado desde sus inicios como una organización terrorista localizada en Irak hasta convertirse en un movimiento insurgente transnacional que amenaza el estatus de AQ como la organización yihadista sunní predominante en el mundo.

Así mismo, ambas organizaciones han establecido bases territoriales concretas, en las cuales y desde las cuales tratan de lograr sus objetivos. Pero AQ y DAESH han mostrado claramente que buscan llevar a cabo sus fines a través de estrategias diferentes.

Partiendo desde 2003 en Iraq, AQ buscó expandir su organización transformándola en un movimiento global mediante la captación de afiliados, agregando tanto a individuos como a grupos. Mediante su afiliación a la matriz se esperaba de esos grupos que adoptaran una visión más amplia, lo cual significaba continuar combatiendo al enemigo próximo, al tiempo que simultáneamente se giraba la atención hacia el enemigo lejano, Occidente. La mayor parte de esos grupos se unieron a AQ desde una posición precaria o de debilidad. Su adhesión a un movimiento global les supuso incrementar su potencial estratégico. Pero la otra cara de la moneda significaba para esos grupos que, al incluir como objetivo a Occidente, corrían el riesgo de enfrentarse a amenazas externas y perder el apoyo local del que hasta ahora gozaban.

Como consecuencia de este nuevo y combativo escenario en el mundo yihadista, AQ ha adaptado su estrategia en lo que se refiere a sus objetivos locales. Los grupos afiliados a AQ, especialmente Jabhat al-Nusra en Siria, y AQ en la Península Arábiga, en Yemen, tienen un planteamiento a largo plazo, focalizado en construir alianzas duraderas en el tiempo y firmemente afianzadas en sociedades inestables y reprimidas. Al mismo tiempo, renunciando a la imposición de los preceptos más radicales de la sharía, AQ busca evitar ser percibido como un ente represor y lograr la imagen de ser una alternativa razonable a la situación actual. De ese modo, con esa pequeña renuncia, busca ganarse el favor de la población y gana tiempo para dejar que los principios básicos vayan calando hasta que, de forma natural, terminen por aceptar los postulados más radicales.

En cambio, mientras AQ ha variado su, método, DAESH ha mantenido su foco local. Su objetivo natural ha sido desestabilizar las dinámicas locales para facilitar de ese modo el rápido establecimiento de un control unilateral del territorio y la imposición de la sharía sin restricción alguna. La estrategia del DAESH pasa por no hacer concesión alguna a sus severos postulados religiosos, recurriendo para ello a una constante e intensa actividad de obtención de información, un control total de la población local y reprimiendo brutalmente cualquier tipo de disidencia.

El principal activo del DAESH ha sido presentarse habiendo conseguido algo que AQ no ha podido hacer en veinte años de actividad: la proclamación del Califato en 2014.

El DAESH ha evolucionado desde su origen como organización terrorista localizada en Irak a convertirse en un movimiento insurgente transnacional con grupos afiliados en once países a mediados de 2015. Mientras tanto, la influencia de la cúpula de AQC en Afganistán y Pakistán ha disminuido y fracasado en el intento de defenderse de las acciones de su antiguo aliado.

A pesar de todo, DAESH es actualmente una organización mucho más centralizada de lo que lo era AQ en sus inicios, cuando comenzó a establecer una red de afiliados o franquiciados a lo largo de todo el planeta.

Lo que es innegable es que la rivalidad entre las dos organizaciones AQ y el DAESH por lograr la supremacía dentro del movimiento yihadista es algo que continuará y se incrementará, lo cual aumentará inevitablemente el riesgo de ataques contra Occidente.

La clave del problema se encuentra sin duda en la inestabilidad de los gobiernos a lo largo del mundo musulmán. Si esa tendencia no se corrige, las condiciones para el establecimiento de los yihadistas en esas sociedades vulnerables serán más que propicias.

Historia de una ruptura

Las raíces de la pugna dentro del movimiento yihadista las encontramos principalmente en Siria e Irak, y se remontan a hace más de una década.

Después de varios meses de negociaciones entre AQC y Abu Musab al-Zarqawi como líder del grupo Jama'at al-Tawihid wal Jihad (JTWJ), éste declaró su lealtad a Osama Bin Laden y cambió el nombre de su grupo, pasando a denominarse AQ en La Tierra de los dos Ríos, o AQ en Irak.

Desde ese momento, y ya como líder de AQI, sus esfuerzos y recursos se centraron, no sólo en atacar a la coalición y otros objetivos occidentales en Iraq, sino en llevar a cabo una limpieza de musulmanes no sunníes en el país. AQC vio esta estrategia, basada en un arraigado sectarismo y ataques indiscriminados, contraria a sus objetivos aspiraciones globales.

Pronto, las acciones de al-Zarqawi, incluyendo las decapitaciones grabadas y difundidas a los medios de comunicación, recibieron la desaprobación pública de AQ mediante cartas y comunicados.

A pesar de estos "consejos", AQI hizo oídos sordos y continuó con su dinámica, si bien cumplió con otras instrucciones de AQC, como preparar el terreno para la proclamación y establecimiento de un Estado Islámico en Irak, el cual fue anunciado en 2006. Pero para entonces, y a pesar de las apariencias, el movimiento yihadista en Irak ya no estaba técnicamente bajo el paraguas de AQ. Tras la muerte de Al Zarqawi, su sucesor prestó juramento de lealtad o bay'a al líder del Estado Islámico en Irak, Abu Omar al-Baghdadi, y al hacerlo anuló de facto la declaración de lealtad previa hacia Bin Laden. Del mismo modo, cuando a su muerte Abu Bakr al-Baghdadi asumió el liderazgo del Estado Islámico en Irak, nunca manifestó su fidelidad a AQ, dejando la relación entre ambos grupos indefinida.

Ya en 2013, cuando se inició la expansión hacia Siria y se creó el Estado Islámico de Irak y Levante, Baghdadi trató de recuperar el apoyo de Jabhat al-Nusra, pero su líder, Abu Mohammad al-Golani, rechazó el ofrecimiento y volvió a declarar su lealtad a AQ y al-Zawahiri.

Esto derivó en una violenta ofensiva por parte del DAESH contra los grupos de la oposición siria, desoyendo las órdenes de AQ para que se mantuviera en Irak, llegando a asesinar al mediador enviado por al-Zawahiri. La situación desembocó en una ofensiva coordinada por todos los grupos rebeldes sirios contra el DAESH a lo largo del norte y este de Siria.

 AQ se desvinculó de cualquier relación con Baghdadi y el DAESH, enfrentando a su red de veteranos ideólogos contra aquel y su nueva generación de yihadistas.

Cuando en el momento de mayor éxito del DAESH en Irak, en junio de 2014, se proclamó el Califato bajo el liderazgo de al-Baghdadi y éste se autoproclamó Califa, la credibilidad de AQ dentro del mundo islámico radical se vio seriamente amenazada. La realidad es que durante toda su historia AQ no había sido capaz de llegar tan lejos, ni de controlar y gobernar un territorio definido y mucho menos de proclamar nada parecido a un Emirato o Califato que fuera viable. En cambio, el DAESH, con todas las dudas sobre su sostenibilidad y viabilidad real como "estado", había sido capaz de controlar un territorio de 670 km2 a lo largo de dos países, algo impresionante para los ojos de la comunidad yihadista. A ello había que añadir la expansión internacional, incorporando grupos afines que prestaban lealtad en Egipto y Nigeria, así como la fragmentación de los grupos leales a AQ en Yemen, Argelia, Afganistán, Pakistán y el Cáucaso, lo cual removió los cimientos del movimiento yihadista en todo el mundo.

La evolución del al Qaeda. Sembrar para recoger

A comienzos de siglo, y aún después del 11-S, AQ era un movimiento con una estructura muy centralizada. Pero con la invasión de Irak y la aparición posterior de un eficaz movimiento insurgente, AQ atisbó la oportunidad de conseguir una presencia significativa en el país y, a pesar de la diferente visión que tenían en cuanto a la estrategia a seguir, al-Zarqawi y su grupo, transformado en AQI, se convirtió en el primer afiliado a AQ, iniciando así la expansión mundial de la franquicia terrorista. A partir de ese momento, AQ comenzó a estrechar los lazos con otras redes yihadistas a lo largo del mundo, y así, en 2009, AQ contaba con dos grupos afiliados más, AQMI (Al Qaeda en el Magreb Islámico), desde 2007 y AQPA (Al Qaeda en la Peninsula Arabiga) en 2009. En el caso de AQI, es evidente que Bin Laden necesitaba más a AQI que viceversa. Sin embargo, los casos de AQMI y AQPA eran muy diferentes. Ambos grupos estaban pasando por serios problemas bajo su denominación anterior, el Grupo Salafista para la Predicación y el Combate en Argelia y las dos facciones ahora aliadas con AQ, en Yemen y Arabia Saudí.

AQ estableció una estructura en la que cada grupo afiliado tenía bajo su responsabilidad una región o iqlim, donde nadie más podía actuar o ejercer su autoridad. Cada una de estas regiones estaba liderada por un emír, último responsable ante Bin Laden, quien al mismo tiempo mantenía su lealtad a Mullah Mohamed Omar, el autoproclamado líder talibán de los creyentes, título reservado normalmente para el Califa.

Declarando la bay'a o lealtad a Bin Laden, los nuevos afiliados a Al Qaeda se comprometían a adoptar sus objetivos globales, lo cual no sólo significaba continuar luchando contra el enemigo cercano, es decir, los gobiernos apóstatas apoyados por potencias occidentales dentro del mundo islámico, sino destinar recursos y esfuerzos para atacar al enemigo lejano, golpear a Occidente en su conjunto y especialmente a EE. UU.

En la práctica, sólo AQPA demostró la determinación y capacidad suficientes para aparecer como una amenaza creíble para los países occidentales. Pero esta práctica de ganar grupos afiliados que declaraban su lealtad no estaba exenta de problemas. Uno de ellos era la brutalidad demostrada por AQI y su obsesión por llevar a cabo una guerra sectaria entre musulmanes dentro de Irak. El otro, las bien conocidas relaciones con el crimen organizado y el tráfico de drogas de AQMI. Ambas situaciones confrontaban directamente con la visión purista del islám que tenía Bin Laden.

En febrero de 2012, al-Shabab, el grupo terrorista somalí que atravesaba por serias dificultades se unió a la red de AQ. Este fue uno de los primeros movimientos del sucesor de Bin Laden, al-Zawahiri, el cual admitió la inclusión de al-Shabab a pesar de sus numerosos problemas internos, motivo por el que Bin Laden siempre se resistió a ello.

Vemos pues que, durante más de una década, AQ se expandió eligiendo cuidadosamente a sus nuevos socios, pero demostrando una mínima capacidad para coordinar e implementar su estrategia antioccidental.

La presión de las medidas antiterroristas transformó una organización centralizada y con claras estructuras de mando y control en un grupo formado por franquicias semiautónomas que marcaban sus propios objetivos, pero que mantenían su devoción y lealtad hacia el liderazgo de AQC.

En lo que parecía ser su momento de mayor debilidad, con sus capacidades operativas seriamente limitadas, una estrategia mucho más madura comenzó a tomar forma en el seno de AQ. Las diferentes franquicias iniciaron una transformación hacia un tipo de insurgencia más arraigada socialmente, capaz de combatir en el terreno convencional al tiempo que de establecer un control más duradero sobre el territorio y la población.

Lo que se puede considerar la experiencia piloto de esta nueva forma de proceder se llevó a cabo en Yemen, donde AQPA pasó a denominarse Ansar al-Sharia. El cambio de nombre no es algo baladí, pues dentro de la dialéctica yihadista hay una clara diferencia entre el termino ansar, que hace referencia a los miembros o combatiente locales y el término muhajireen, con el que se denomina a los combatientes foráneos.

Con la finalidad de lograr un control efectivo sobre su territorio, Ansar al-Sharia, a la vez que trataba de combatir al gobierno apóstata, ofrecía una estructura de gobierno creíble y eficaz a toda la población desilusionada y vulnerable. Les proporcionaba una alternativa, una esperanza.

Reforzando estos mecanismos y abriendo el espectro de acciones, demostrando la capacidad de proporcionar estabilidad, así como servicios básicos, aunque fuera de un modo limitado, el grupo cosechó buenos niveles de aprobación por parte de la población local en amplias zonas en las que los objetivos globales de AQ podrían ser diseñados y eventualmente implementados.

Poco después, los acontecimientos sucedidos en Mali en 2012 proporcionaron una oportunidad para AQMI.

Cooperando con Ansar al-Din, uno de los grupos que junto con los tuaregs del MNLA (Movimiento Nacional para la Liberación de Azawad) se había lanzado contra el gobierno de Bamako, AQMI estableció una base de operaciones en Tombuctú, al tiempo que otro grupo, fruto de una escisión, el MUJAO (Movimiento por la Unidad y la Yihad en África Occidental), hacía lo propio en la ciudad de Gao.

Pero en lugar de intentar atraerse a la población, tanto AQMI como MUJAO se dieron prisa en proclamar el Estado Islámico de Azawad, poniendo especial énfasis en implantar la sharía. Esta estrategia no era la más adecuada en un país donde la mayoría de la población disfrutaba de un modo de vida que se podría considerar bastante liberal, y provocó la reacción de Abdelmalek Droukdel, que reprendió a sus subordinados. Bajo su punto de vista, la proclamación del Estado Islámico de Azawad había sido muy precipitada. Su visión pasaba por ir avanzando poco a poco, ganándose la confianza de la población e ir introduciendo gradualmente sus postulados. De esa forma, serían aceptados de un modo natural. Y a ello había que añadir el peligro de una intervención extranjera, como de hecho ocurrió poco después con el resultado de la derrota del Estado Islámico de Azawad y con AQMI y el MUJAO, expulsados de ambas poblaciones.

La reacción de Droukdel era la evidencia de que algo estaba cambiando en la estrategia global de Al Qaeda.

Simultáneamente, Jabhat al-Nusra había comenzado a materializarla en Siria, especialmente tras su regreso a la disciplina de AQ en abril de 2013. Su líder, Golani, comenzó a aplicar la misma estrategia iniciada por sus correligionarios en Yemen y en el Norte de África, en el convencimiento de que el establecimiento de un emirato en Siria, si bien era su prioridad, sólo tendría éxito si se afrontaba como un proyecto a largo plazo.

Como colofón, el mismo al-Zawahiri estableció en sus directrices, difundidas en 2013, la importancia vital que tiene la autodisciplina y la contención, ordenando a sus seguidores a difundir esa concienciación y a actuar con prudencia. Así mismo, y en clara contraposición al DAESH, llamó a los grupos afines a evitar la confrontación con otras corrientes religiosas del islam, así como con los cristianos e hindúes que viven en zonas musulmanas, llegando a expresar su deseo de convivir con ellos de manera pacífica.

Con este giro, AQ admitía que su intención se orientaba a lograr sus objetivos a largo plazo, y que para ello era imprescindible hacerlo desde lugares seguros y donde contasen con un sólido apoyo. Y eso es exactamente lo que inicialmente vislumbró AQPA en Yemen y continuó haciendo Droukdel en Mali y Jabhat al-Nusra en Siria. Siempre teniendo en mente que su objetivo final es atacar a Occidente, pero adoptando una práctica más refinada, con objeto de asegurar su consecución.

En resumen, la estrategia adoptada por AQ es muy similar a la expuesta en su día por Mao, cuando afirmaba que sólo bajo una sólida base política, un movimiento insurgente puede crear las condiciones necesarias para obtener sostenimiento logístico y lanzar sus operaciones, y así poco a poco lograr la fuerza necesaria y propiciar la ocasión para llegar a la confrontación final.

AQ ha sufrido una metamorfosis que le ha llevado de ser un grupo terrorista, más o menos modesto, a una organización capaz de dirigir movimientos insurgentes, reclutar combatientes extranjeros para enviarlos a diferentes escenarios, obtener fondos y llevar a cabo al mismo tiempo acciones violentas.

AQ es aún parte de la amenaza terrorista, pero el terrorismo ya no es su bandera.

Daesh. Expansión sin concesiones

Al igual que lo sucedido con AQ, el DAESH ha sufrido una apreciable evolución desde la proclamación del Califato en junio de 2014. Su objetivo ha sido desde ese momento explotar su red de contactos y relaciones dentro del mundo yihadista para lograr la cooperación de diferentes facciones armadas, y lo que es más importante, de células hasta el momento afiliadas a AQ.

Su expansión fue espectacular, pero está decayendo, debido tanto a la presión de los ataques de Rusia y de la Coalición como al agotamiento de sus apoyos internacionales. Así pues, su forma de proceder está girando hacia una visión más local, buscando explotar la proliferación de la inestabilidad en los estados de la zona. Esto, que puede considerarse su principal punto fuerte, puede ser a la vez su mayor vulnerabilidad.

La proclamación del califato forzó al DAESH a transformarse en un movimiento más internacionalizado que justificara su autoproclamación.

El discurso del portavoz del DAESH anunciando la proclamación lo dejaba claro: *"Aclaramos a todos los musulmanes que después de esta declaración del Califa, todos los musulmanes están obligados a prestarle lealtad y apoyarle. La legalidad de los actuales emiratos, estados y organizaciones quedará anulada con la expansión de la autoridad del califa y con la llegada de sus tropas a sus territorios. Escuchad a vuestro califa y obedecedle. Apoyad a vuestro estado que crece cada día..."*

La estrategia del DAESH ha seguido dos vías diferentes. Por un lado, se ha centrado en expandirse en aquellos territorios con los que limitaba directamente la zona bajo su control, y por otro, recibiendo juramentos de lealtad o bay'a por parte de otros movimientos yihadistas. La primera de ellas estaba ligada directamente a su capacidad para lograr victorias en el plano militar. En relación con la segunda vía, es interesante observar como el DAESH ha puesto el foco en ciertos lugares, demostrando un gran interés en conseguir la lealtad de grupos preexistentes en diversas zonas.

Esta estrategia ha llevado al DAESH a proclamar su control sobre diecinueve wilayas o provincias en Siria e Irak y dieciocho en lugares como Libia, Arabia Saudí, Bahréin, Yemen, Argelia, Egipto, Afganistán, Pakistán, Nigeria y el Cáucaso.

La forma de atraerse a facciones yihadistas no alineadas previamente acabó afectando a grupos afines a AQ, como la rama central de AQMI, alimentando el conflicto entre ambas organizaciones y llegando a infiltrar AQC, de tal modo que en marzo de 2014 nueve personalidades de AQC declararon su lealtad al DAESH.

DAESH ha priorizado aquellos lugares donde más fácil consideraba la implantación de sus postulados, principalmente por la situación preexistente, de forma que esos puntos pudieran servir como bases para la preparación de sus actividades y la difusión de su mensaje. La mayor parte de los nuevos adscritos al DAESH aumentaron su actividad en cuanto declararon su lealtad al Califa en un intento de demostrar su verdadera implicación, así como para desestabilizar las dinámicas locales o regionales y favorecer así su expansión.

El uso desmedido de la violencia para provocar la desestabilización ha sido la base de las tácticas del DAESH desde su nacimiento en Irak como JTWJ. Su intención, la cual ha repetido constantemente, ha sido crear las condiciones sociales necesarias para la actividad insurgente y terrorista, para presentar la inestabilidad como consecuencia de la falta de control y de actuación de los gobiernos y ofrecer su opción como la solución.

En resumen, la estrategia se basa en que cada zona controlada por el DAESH trate de expandirse poco a poco a través del ejercicio de la violencia y de las actividades sociales, mientras que con su campaña a nivel internacional y sus acciones en occidente tratan de lograr la adhesión de otros grupos yihadistas. Eso sí, el DAESH requiere para la aceptación de nuevos grupos un liderazgo fuerte y una gran capacidad de mando y control, así como la demostración de su capacidad militar, afinidad ideológica sin fisuras y la habilidad para introducir su estilo de gobierno y de imposición de la ley.

La lucha por la hegemonía

En su rivalidad con AQ, el DAESH tiene una significativa ventaja: sus principales objetivos son mayoritariamente locales. A pesar de que AQ ha evolucionado también hacia esta actitud como parte de su estrategia de supervivencia, quien realmente lo tiene interiorizado desde su creación es el DAESH. Su proyecto busca crear un estado y expandir el Califato a través de los grupos afines dispersos por todo el globo y que deberán continuar con su expansión en sus respectivas zonas hasta lograr la unión de todos y el establecimiento del Califato Mundial. Sus líderes tienen que centrarse sólo en establecer y consolidar el control territorial en sus respectivas zonas de influencia y replicar el modelo para así aparecer como alternativa viable a los gobiernos existentes. Y esa es la principal razón por la que los grupos afiliados no envían ya personal a Siria o Irak, sino que retienen su capital humano en sus zonas.

¿Qué mueve al DAESH a buscar aparecer como un grupo desalmado y tendente a la brutalidad más absoluta? la respuesta la encontramos en el libro escrito por el ideólogo yihadista Abu Bakr Naji[53], "The Managment of Savagery" , donde afirma que es fundamental seguir una campaña de violencia extrema encaminada a socavar el poder de los gobiernos locales y su capacidad de devolver la estabilidad y crear una situación de caos social y político total, donde el vacío creado pueda ser ocupado por el proyecto de Estado Islámico.

Todo lo dicho sobre la estrategia del DAESH no parece encajar muy bien con sus acciones en suelo occidental, pues como queda patente, su estrategia principal está basada en la expansión local. Entonces, ¿cuáles son sus móviles? Podemos citar varios. Por un lado, la necesidad de mostrar su capacidad de atacar a los no creyentes para así ganar adeptos. Por otro, el intento de

---

[53] **Abu Bakr Naji:** Según el Instituto de Estudios Al Arabiya, la verdadera identidad de Abu Bakr Naji es Mohammad Hasan Khalil al-Hakim. Al Hakim era considerado por las autoridades estadounidenses como el jefe de los medios de comunicación y de propaganda en Irán para al-Qaeda. Se sospechaba que así mismo estuvo a cargo de las Operaciones Exteriores de la red terrorista.

aliviar la presión de los ataques de la coalición sobre su territorio, iniciados en verano de 2014, tratando de minar el apoyo de la opinión pública a dicha intervención. Y, por último, simple y llanamente, la venganza por esos ataques. Es en ese ánimo de revancha y cuando hablamos de aliviar la presión, donde debemos enmarcar el cambio de estrategia iniciado con los ataques de París en noviembre y, desde luego, la crisis de los refugiados. Algo que merece un trabajo específico pero que evidentemente no es sólo una consecuencia natural de la guerra, sino una estrategia intencionada y dirigida por parte del DAESH y que hoy por hoy puede considerarse su arma más temible en términos de su capacidad para afectar y desestabilizar a Europa.

Impacto en el sahel y el norte de áfrica

Las franquicias internacionales del DAESH le proporcionan un incalculable respaldo, tanto como elemento de distracción para los esfuerzos en la lucha contra el terrorismo, como por su papel de incubadoras de nuevas oportunidades para controlar y gobernar amplias zonas.

El creciente dominio del DAESH en Sirte (Libia), Norte del Sinaí (Egipto), algunas zonas de Afganistán y de Nigeria es algo muy prometedor para el movimiento, y su capacidad de expansión y crecimiento son motivo de inspiración para ataques espectaculares en todo el mundo.

Centrándonos en la zona de nuestro interés más directo, cuando estudiamos las recientes actividades de Al Qaeda en el Magreb Islámico, observamos dos características principales en éstas:

\- La primera es la multiplicación de las operaciones llevadas a cabo por este movimiento yihadista y sus grupos afines, las cuales están caracterizadas por su largo alcance geográfico, el alto nivel de coordinación y organización y el impacto en los medios y la opinión pública.

\- La segunda es un inusual incremento de la visibilidad de líderes de AQMI a través de la aparición pública de la cabeza de la brigada Al Fourkane en una reunión de las tribus árabes de Azawad, mantenida en una localidad próxima a Tombuctú el 26 de noviembre de 2015. En esta línea hay que destacar la entrevista publicada por el portal de información mauritano Al Akhbar al lider del «emirato del desierto», Yahya Abu Hamam, pues es la primera declaración a la prensa de un miembro de tan alto nivel de AQMI.

Esta llamativa evolución de AQMI, ya sea mediante la última campaña de acciones violentas o el incremento de su presencia en los medios, tiene como finalidad enviar un mensaje:

\- Por una parte, para consumo interno de los miembros de la organización, sus apoyos, así como a los actores regionales e internacionales: las operaciones Serval, Barkhane y MINUSMA han fracasado a la hora de contener las acciones del movimiento yihadista. Por el contrario, la Organización ha continuado creciendo, especialmente en su feudo en el norte de Mali.

-       Por otra, puede considerarse como un ultimátum a los países de la región, especialmente a aquellos que muestran una posición más o menos neutral, sin implicarse en las operaciones antes mencionadas, pero sin apoyar directamente a los yihadistas, advirtiéndoles de que cualquier cambio en sus relaciones con AQMI o acercamiento a los "cruzados" le situará automáticamente a la cabeza de la lista de sus objetivos.

La conclusión más importante que se puede obtener de todo lo expuesto es la firme determinación de AQMI de marcar su territorio, dejar clara cuál es su zona de influencia y manifestar su voluntad de combatir cualquier intento del DAESH de aventurarse en esas áreas, la cuales actualmente están bajo el total control de Abu Abdel Mousaab Wedoud (Abdelmalek Droukdel).

La relación entre el DAESH y AQMI comenzó a deteriorarse seriamente a partir de los primeros ataques de París en enero de 2015. Este deterioro se acentuó por el incremento de la influencia del DAESH en el escenario libio y por el juramento de lealtad de Boko Haram a su líder Abu bakr Al Baghdadi.

Parece evidente la preocupación del líder del emirato del desierto, que es la punta de lanza de AQMI en la región del Sahara y el Sahel, por bloquear, utilizando todos los medios posibles, los intentos del DAESH para diseminarse por la región.

El primer problema al que se ha tenido que enfrentar es al deslumbramiento que los éxitos del DAESH han causado en muchos de sus miembros más jóvenes. Para ello, Abu Hamam ha logrado purgar sus filas, alentando a aquellos que se sentían fascinados por los progresos de Al Baghdadi en Siria a unirse a éste, tanto allí como en Irak. Esto le ha permitido mantener a su lado a los realmente leales y evitar así una escisión del grupo. Del mismo modo, y teniendo en mente el conflicto con el DAESH, ha tratado de volver a atraer a su lado a Moktar Belmoktar, con el fin de beneficiarse de su experiencia, sus cualidades y su perfecto conocimiento del que será el campo de batalla.

La reacción del DAESH no se ha hecho esperar y rápidamente ha mostrado sus intenciones explicando la importancia que supone para ellos la zona del Sahel, reclamando acciones contra los gobiernos de los países del Magreb y denunciando la postura de aquellos líderes políticos y religiosos que en dichos países advierten a los jóvenes contra su alistamiento en las filas del DAESH.

Así mismo ha desplazado a alguno de sus líderes iraquíes para el establecimiento de su rama libia.

Hasta el momento, el DAESH no ha llevado a cabo ninguna acción en el África Occidental, pero su rivalidad con AQMI conduce a pensar que, más pronto que tarde, esas acciones serán una realidad que tendrá como principal finalidad afianzar su prestigio y su presencia efectiva en la región. Esta lógica podría conducir a una confrontación directa con AQMI para así establecer su propia autoridad en la zona y atraer así a más activistas, lo que puede ser la explicación también al incremento de acciones de AQMI en el área: un intento de no dejar espacio al DAESH, marcando su territorio y tratando de ganar la partida en el apartado de reclutamiento.

Este es un escenario plausible toda vez que el DAESH tiene una necesidad estratégica de conectar dos puntos de vital importancia, abriendo un corredor a través del Sahel: Libia, donde está comenzando a operar libremente, y Nigeria, donde Boko Haram opera activamente y ha proclamado su lealtad al Califato. Esta necesidad es cada vez más acuciante si tenemos en cuenta las últimas derrotas sufridas en Siria e Irak y la evidente pérdida de territorio bajo su control que se traduce automáticamente en pérdida de medios de financiación. Y este es otro aspecto clave en esa necesidad de controlar el Sahel y el África Occidental. En ambas zonas tendría acceso a numerosos recursos que van desde los propiamente naturales hasta el control de diferentes rutas de contrabando y tráfico de todo tipo de sustancias, pasando por (el control de las rutas) de inmigración ilegal que parten del África subsahariana. Este último punto es de vital importancia, tanto por los réditos económicos que le pueden proporcionar como por lo que significa en términos de aumentar la presión sobre Europa, provocando otra crisis en el extremo oeste del Mediterráneo.

Abrir otro frente puede ser vital para el DAESH, pero para ello antes ha de eliminar a su principal oponente en la zona, que no es otro que AQMI.

Conclusiones

La principal debilidad de AQ es la falta de continuidad en sus líderes. Con el DAESH presentando batalla en el plano internacional y ganando protagonismo, ese factor puede tener graves consecuencias para AQ.

AQ depende en gran medida de que sus grupos afiliados mantengan la lealtad hacia AQC.

Los elementos más valiosos para el DAESH, el control efectivo de un territorio y su mando centralizado, se encuentran en Siria e Irak. La derrota o degradación del DAESH en esta zona tendría un gran impacto en su expansión y apoyo por parte de grupos afines en otros países, de ahí que en el escenario actual sea fundamental para éste afianzarse en otras zonas, tanto para poder dar continuidad a su labor como para abrir un segundo frente que alivie la presión en sus feudos tradicionales. Tampoco se puede perder de vista el hecho de que la extrema violencia y brutalidad mostrada por el DAESH y sus seguidores puede ser un factor fundamental que puede afectarles muy negativamente a medio plazo.

En última instancia, la intensa pugna dentro del movimiento yihadista continuará con cada uno de estos dos grupos, buscando afianzarse como el líder de la yihad salafista del siglo XXI. Pero detrás de ese pulso hay más intereses. Por un lado, consolidar o incrementar las vías de financiación, y por otro, atraer a nuevos adeptos que nutran sus filas. Como resultado de esa pugna, AQ y el DAESH tienen la necesidad de demostrar su credibilidad ante el mundo islamista radical, y eso traerá sin duda más violencia, más muertes y desde luego un incremento de los ataques contra intereses occidentales y en territorio europeo, pues esas acciones son (por un lado) el principal reclamo para reclutar seguidores y (por otro) una forma de castigar y socavar la moral de los países europeos y su opinión pública.

En esa lucha interna, el Sahel y el África occidental juegan un papel principal como escenario donde ha de desarrollarse. Y ahí es donde se encuentra la amenaza más importante para España.

A pesar de la situación expuesta hasta el momento, la Alianza como tal no ha prestado la suficiente atención a la expansión del fenómeno terrorista en el África subsahariana y el Sahel, donde la mayor parte de la región es terreno abonado para que arraiguen ideologías extremistas. La inestabilidad y la proliferación de movimientos (terroristas) en la zona son una clara amenaza para los países Occidentales y especialmente para el sur de Europa.

Como una de las organizaciones que lidera el movimiento yihadista global y fuente causante de inestabilidad en África oeste, especialmente en Nigeria, y afectando a Niger, Chad y

Camerún, Boko Haram debe ser considerado como el principal enemigo.

Las porosas fronteras entre los países del Norte de África y los del África subsahariana no ayudan a evitar la expansión de los conflictos o de las ideologías radicales y, por consiguiente, la inestabilidad.

Boko Haram cambió su nombre, tras su afiliación al DAESH, por el de Provincia o Emirato de África Oeste (Wilayat Gharb Afriquiyah). Por ello, Boko Haram es el nombre que se utiliza ahora para referirse a un problema regional. Pero la realidad es que la nueva denominación le otorga una nueva dimensión como parte del autoproclamado califato, cuyo objetivo es el establecimiento global del mismo. La concepción de Boko Haram como problema regional es un error, pues constituye probablemente la mayor amenaza a la estabilidad después de los territorios controlados por el DAESH en Siria e Irak.

Se suele tener la percepción de que Boko Haram nació como consecuencia de los agravios y las grandes diferencias sociales y económicas, en combinación con los altos niveles de corrupción y décadas de un Estado fallido en Nigeria. Pero esa es sólo una realidad parcial. Su origen está en una combinación de lo relatado y en la propagación de la ideología yihadista. Sectores marginados de la población en zonas donde la acción del Estado es ineficaz, o casi ignota, son la cantera perfecta para el arraigo de ideologías radicales. BH tradicionalmente ha recurrido al reclutamiento de jóvenes estudiantes de las escuelas coránicas.

La mayoría de sus integrantes proceden de zonas terriblemente deprimidas y donde las oportunidades de prosperar son prácticamente inexistentes.

El establecimiento de una wilaya en África Oeste, con la integración de Boko Haram en el DAESH, significa la incorporación de quince mil combatientes y el control de una zona situada en la intersección de varias de las regiones más volátiles del mundo.

Como muestra de la importancia que da el DAESH a esta región y a su unión con Boko Haram tenemos lo publicado en Dabiq: "cualquiera a quien se le impida, por gobiernos herejes emigrar a Irak, Siria, Yemen o la Península Arábiga no deberá cejar en su empeño y emigrar a África". Es evidente que su franquicia africana hace mucho más accesible el Califato y proporciona esperanzas de seguir el mismo camino a otros grupos.

El principal peligro es que este modelo de difusión del yihadismo más radical es fácilmente exportable o extrapolable a los países del entorno. Parte del plan trazado por el DAESH pasa por ganarse a la población más vulnerable a la radicalización, y esto hace del Norte de África y del África subsahariana el lugar ideal para su expansión y el reclutamiento de nuevos adeptos. La preocupación para España debe ser máxima cuando pensamos en la posibilidad de repetición de estos esquemas, principalmente Marruecos y Mauritania.

Es cierto que hoy en día esos países gozan de una estabilidad que les permite controlar en mayor o menor medida tanto los flujos migratorios como el afianzamiento de grupos radicales. Pero su situación no deja de ser relativamente frágil, y cualquier oportunidad será aprovechada para buscar la desestabilización, creando las condiciones para la expansión del radicalismo.

Si esto sucediera y estos países no tuvieran capacidad para controlar el fenómeno, nos enfrentaríamos a una situación muy delicada. Después de lo sucedido en Grecia, con la entrada masiva de refugiados, el DAESH ha comprobado cuán poderosa es ese arma, y si a las medidas de la UE, que poco a poco comienzan a disminuir en algo la llegada de estos, añadimos un hipotético control del Sahel por parte del DAESH, tendremos entonces sentadas las condiciones para que toda esa corriente se canalice hacia el extremo oeste del Mediterráneo, uniéndose al flujo de inmigrantes que procede del resto de África buscando la entrada por el punto más cercano a Europa. De ahí que la estabilidad y desarrollo de Argelia, Marruecos, Túnez y Mauritania es la mejor defensa contra esa posibilidad.

Bibliografía

LISTER, Charles. Jihadi Rivalry: The Islamic State Challenges Al-Qaida. BROOKINGS DOHA CENTER ANALYSIS PAPER nº 16. January 2016.

HEIKH SIDATI, Haiba. Sahel: The threat of AQIM and Daesh Rivalry. www.centre4s.org 04 February 2016.

KING, Meghan J. NATO, s Southern Flank Does not stop in North Africa: Adressing Terrorism beyond the Sahel. RESEARCH PAPER nº 128. NATO Defense College. Rome February 2016.

WATTS, Clint. ISIS and al Qaeda Race to the Bottom. www.foreignaffairs.com November 2015

5. ESPAÑA OBJETIVO DEL DAESH. RAZONES Y CONSIDERACIONES

20 de abril de 2018

https://atalayar.com/content/espa%C3%B1a-objetivo-del-daesh-razones-y-consideraciones

El fenómeno terrorista no es nuevo en Europa. Tradicionalmente, dicho fenómeno ha seguido unas pautas para conseguir sus objetivos, por ello, los ataques del Daesh en sí, como acciones terroristas no son una novedad, pero si lo es su "hoja de ruta" y la forma de buscar la consecución de sus objetivos. España, después de más de 14 años libre de ataques islamistas ha sido el objetivo del que pretendía ser el mayor atentado del Daesh en Europa, y es importante buscar las causas de ello

La finalidad principal de las acciones del Daesh es provocar la inestabilidad social y entre aquellos países que considera enemigos. Al mismo tiempo, llevar a cabo acciones en lugares donde existe una inestabilidad previa es el escenario más beneficioso para ellos, y esa es la razón por la cual el objetivo del ataque era Barcelona.

El terrorismo es un fenómeno con el que Europa está muy familiarizada. Sin ir más lejos, sólo hemos de fijarnos en el detonante de la Primera Guerra Mundial; la chispa que hizo que se desencadenara el conflicto fue una acción terrorista: el asesinato del Archiduque Francisco en Sarajevo.

Desde ese momento, especialmente en la segunda mitad del siglo XX, todos los países europeos han sufrido con mayor o menor virulencia el zarpazo del terrorismo.

Es por ello por lo que podemos afirmar que lo que estamos viviendo en la actualidad no es nada extraordinario. Por un largo periodo de tiempo el terrorismo ha sido parte de la vida de Europa. De hecho, durante los años 70 y 80, murió más gente víctima de ataques terroristas que en la década actual. Basta citar acciones como el atentado del grupo Septiembre Negro contra la villa Olímpica en Munich en 1972, la cadena de atentados llevada a cabo por el IRA en Dublin y Monaghan en 1974 o el atentado de ETA contra la casa cuartel de la Guardia civil en Zaragoza, para corroborar esta afirmación.

Los ataques sucedidos en Cataluña han sacudido a una sociedad, la española, que hasta ahora se creía a salvo de la barbarie yihadista. Esta sensación de seguridad la proporcionaba, en gran medida, el buen hacer y los éxitos de las FCSE y de los servicios de inteligencia. Pero el golpe era inevitable. Era sólo cuestión de tiempo, y ya se ha materializado.

La rápida actuación posterior a los ataques, neutralizando "aparentemente" a la célula encargada de llevarlos a cabo ha servido para, en parte, recuperar de nuevo esa sensación de seguridad.

Pero pasadas unas semanas, y estudiando en su conjunto todos los hechos, surgen preguntas y dudas. Es el momento de estas, y es el momento de tratar de comprender qué ha sucedido, siempre con la finalidad, no de buscar controversia o criticar, sino de encontrar la forma más eficaz de combatir a nuestro adversario.

Introducción

Es un hecho demostrado que el ataque que planeaba el Daesh, porque es obvio que esta acción o conjunto de acciones, han sido ordenadas y planeadas por la cúpula del Daesh en Siria, no era el atropellamiento masivo en Las Ramblas. O al menos no era el único ataque previsto. Sus intenciones iban mucho más allá, y de haberse desarrollado todo como estaba previsto, estaríamos ante el mayor ataque jamás perpetrado por el Daesh en suelo europeo. Esto nos lleva inevitablemente a la primera pregunta: ¿por qué en España?

De entre todos los países europeos, España no se ha señalado como el más proactivo en la lucha contra el Daesh en el terreno. De hecho, no ha participado en las campañas de ataques aéreos como si lo ha hecho el Reino Unido, Francia, etc. Nuestras Fuerzas Armadas se limitan a participar en la misión de adiestramiento del ejército iraquí. Por lo que no podemos entonces considerar los ataques sufridos como una represalia por nuestras acciones sobre el terreno.

Es cierto que, en el último año, las amenazas tanto del Daesh como de Al Qaeda contra España se han multiplicado. Según datos del CNI y las FCSE, esa amenazas directas o menciones en sus comunicados se multiplicaron por dos en 2016. Las referencias a Al Andalus, como icono de la época de mayor esplendor del islam, siempre han sido recurrentes, pero ello sigue sin explicar por qué el objetivo elegido fue España.

Para tratar de responder a esa fundamental pregunta, hay que responder antes a otra.

Rara vez, lo grupos terroristas o insurgentes llevan a cabo sus acciones de forma gratuita. Son demasiados escasos los recursos y demasiado alto el riesgo como para malgastarlos por el simple hecho de matar o destruir.

Es cierto que en algunas ocasiones las acciones se improvisan por diferentes motivos, pero son las menos. En lo que se refiere al Daesh podríamos englobar en esta categoría algunos de los ataques simples o aislados atribuidos a lo que la prensa ha venido en llamar "lobos solitarios", término discutible y fenómeno que por sí sólo merecería un documento exclusivo y detallado.

Cada acción tiene una finalidad concreta que busca contribuir a la consecución final de los objetivos del grupo. Sea el que sea, ETA, GRAPO, Bader Mehinhoff, IRA, o Al Qaeda, para todos ellos, sus acciones violentas son sólo una forma de lograr el objetivo final del grupo, por descabellado que éste pueda parecernos. Y todos ellos saben que al final de un modo u otro habrán de negociar

En este punto hay que distinguir entre el uso de la violencia contra las fuerzas de seguridad, miembros del gobierno o estamentos oficiales y el uso de esta de un modo más indiscriminado contra la población civil.

La finalidad que se pretende conseguir no es la misma según el tipo de objetivo de que se trate. Y por lo general, en la escalada de violencia, suele seguirse ese orden: fuerzas de seguridad, estamentos oficiales, medios de comunicación y población civil.

Siguiendo esa línea, en primer lugar, se pretende golpear a quien defiende o protege a su enemigo, buscando por un lado mostrar la fortaleza, capacidad y determinación de quien realiza la acción, y por otro tomar una posición de fuerza para lograr posteriormente mediante la negociación, sus demandas. No importa de cuales se trate. Muy pocas veces, por no decir ninguna, el proceso termina aquí.

El siguiente paso es golpear estamentos oficiales. Se trata de mostrar la debilidad del oponente para protegerse y trasladar el temor físico a aquellos que de un modo u otro están en la cadena de toma de decisiones. Simple y llanamente se trata de elevar la presión en estos mediante el temor a convertirse en víctimas. Se apela al primitivo e inevitable sentido de supervivencia. En este punto, en ocasiones se consigue forzar esa "negociación". Pero si eso no ocurre y se sube en el nivel de escalada, se entra en la zona más peligrosa. Y lo es para ambos actores, para el grupo terrorista porque es el punto en el que puede perderlo todo, el apoyo social que tenga y cualquier remota posibilidad de forzar una "negociación" si va demasiado lejos con sus acciones, si cruza el nebuloso umbral que separa el miedo de la rabia. Y para el Estado porque el hartazgo de una sociedad golpeada puede forzarle a doblegarse ante lo que sea que busquen los terroristas.

Se trata, ni más ni menos de quebrar la voluntad de lucha del oponente.

El Daesh

Si nos fijamos, cuando se ha relacionado unas líneas más arriba a varias bandas terroristas, no aparece el Daesh. Esa ausencia es totalmente intencionada, y lo es por varios motivos.

En primer lugar, porque el Daesh no se plantea en ningún momento negociar nada. No busca cambiar un régimen político, ni derrocar un gobierno o lograr la independencia de un territorio...objetivos comunes en los grupos terroristas que hemos conocido a lo largo de la historia. El objetivo último del Daesh es el establecimiento de un Califato Global. Y no contemplan otro escenario final que no sea ese. Para ellos la implantación de un gobierno regido mediante la sharía no tiene discusión. Y, por lo tanto, no aceptarán nada que no sea ese resultado final. Esto, como es evidente, parece un objetivo imposible, una ilusión. Pero el error es aproximarnos al problema con nuestra mentalidad occidental. Para el Daesh, que desde su origen tiene vocación de Estado y como tal ha actuado, el tiempo no es un factor determinante. Y ahí está la clave. No se plantean un horizonte temporal para la consecución de sus objetivos. La falta de limitación temporal es una de sus armas más poderosas, que les permite planear sus acciones a muy largo plazo y hacerlo todo poco a poco. No tienen prisa.

Luego, entonces, ¿qué busca el Daesh son sus acciones? Busca quebrar esa voluntad de lucha, pero de un modo más profundo. Busca una desestabilización total. Una fractura entre las sociedades europeas y sus gobiernos y dentro de esas sociedades mismas.

Y por desgracia, España es un claro ejemplo de ello. Ya dimos muestras de esa debilidad tras los atentados del 11M, y podemos estar seguros de que el Daesh tomó buena nota de ello.

No obstante, todo lo dicho anteriormente, todas y cada una de las acciones del Daesh están perfectamente pensadas, organizadas y siguen un perfecto patrón, incluso temporal.

Ha habido decenas de acciones del Daesh en suelo europeo, o al menos reivindicadas por este grupo, pero si tomamos como punto inicial los ataques de Paris de noviembre de 2015, por el salto cualitativo que supuso este ataque, y hacemos un recorrido por todos los posteriores: Bruselas, Niza, tren Amsterdam-Paris, Berlin, Londres y Barcelona, encontramos una pauta temporal que separa cada uno de estos ataques entre tres y cinco meses, sucediéndose durante esos periodos de "inactividad" ataques de menor entidad y repercusión, que más parecen encaminados a "mantener la tensión".

Su gran triunfo es la habilidad no sólo para sacar rédito a sus acciones mediante cuidadas campañas publicitarias, principalmente en la red, sino para dosificar estas de tal modo que no saturen a la sociedad que es su víctima y provoquen una reacción desmedida y que no puedan controlar. Han alcanzado el punto de equilibrio basado en causar el horror, temor, y hastío por sus acciones, pero sin llegar al hartazgo total y a la toma de decisiones drásticas. Aprovechándose de la debilidad moral de la sociedad occidental.

Porque este es otro punto muy importante y que a menudo se olvida. El Daesh tiene un servicio de inteligencia interior y exterior perfectamente organizado y eficaz. Es perfectamente consciente de la situación política y social de aquellos lugares en los que actúa, no se escogen al azar, y tratan de calcular los efectos de sus acciones.

Por ello, y a pesar de los mensajes lanzados desde diversos medios, la elección de España, y más concretamente Cataluña para su última gran acción no ha sido fruto de la oportunidad o el azar.

Y es esto lo que nos lleva a plantear la pregunta clave: ¿Por qué España y Cataluña más en concreto eran el objetivo del que iba a ser con toda seguridad el ataque más mortífero del Daesh en Europa?

Porque eso es exactamente lo que se estaba preparando. Aunque posteriormente haremos un recorrido cronológico por los hechos, si el proceso de fabricación de los explosivos no se hubiera interrumpido de la forma en que lo hizo, ahora mismo estaríamos hablando de una tragedia de una magnitud incalculable.

España como objetivo

Hay un hecho incuestionable; una operación de la magnitud de la que se estaba preparando en Cataluña no se puede improvisar. Y mucho menos se puede llevar a cabo, no ya sin el beneplácito de la cúpula del Daesh, sino sin su orden directa de ejecución. Tiene demasiadas implicaciones como para que se lleve a cabo de forma individual y necesita demasiados apoyos como para que sea algo oportunista.

Cuando se decide llevar a cabo algo así, lo primero que hacen los estrategas del Daesh, al igual que lo harían los de cualquier organización, es designar el objetivo, y ese objetivo se selecciona en función del beneficio que se obtendrá al atacarlo. La finalidad, como hemos visto, es causar la máxima desestabilización posible, luego hemos de entender que el Daesh interpreta que golpeando en España y específicamente en Barcelona, lograría un mayor efecto desestabilizador.

¿Pero por qué es así?: El Daesh, al contrario de lo que podamos pensar, es una organización perfectamente estructurada, y dentro de esa estructura tiene sus propios servicios de inteligencia interior y exterior. Y como no puede ser de otro modo está al tanto de la situación política y vicisitudes de aquellos a lo que considera sus enemigos.

Por ello es conocedor por un lado, de la situación que se vive en España en general, de la "debilidad" política de un gobierno necesitado de todo tipo de apoyos, de la ideología de aquellos que forman parte de la oposición y su posición respecto a la lucha contra el terrorismo, política migratoria, acogida de refugiados y demás, y, cómo no, de la situación en Cataluña con el problema secesionista, donde de nuevo, los que apoyan esa opción, muestran una, podríamos decir, mayor debilidad o menor dureza en todos los temas citados y en lo que a la lucha contra el propio Daesh se refiere.

Este es el tipo de situación en las que las tácticas del Daesh prosperan, donde sacan más provecho de sus acciones.

No podemos dejar de relacionarlo con la táctica del "ink spot" (mancha de tinta). El Daesh busca expandirse haciéndose fuerte en aquellas zonas en las que el descontento, el desapego al poder establecido y la inestabilidad han arraigado. Esas zonas, una vez controladas, poco a poco van expandiendo su zona de influencia hasta que, como pequeñas manchas de tinta, se van uniendo hasta conseguir cubrirlo todo.

La táctica empleada en sus acciones en Europa es muy similar. Con cada ataque van creando la sensación de intimidación, inseguridad, descontento... buscando esa desestabilización de la cual aprovecharse, pues un gobierno europeo convulso e inestable será indudablemente menos proclive, entre otras cosas a actuar contra ellos en cualquier parte del mundo, y, por otro lado, en una sociedad inestable es mucho más fácil seguir introduciéndose y afianzándose. Pero si parte de ese trabajo de desestabilización ya está hecho, como es el caso de Cataluña…las posibilidades de éxito de multiplican.

Luego aquí tenemos el principal motivo de por qué el Daesh pretendía atacar de esa manera en Barcelona.

Por lo general se piensa que el hecho de no participar activamente en los ataques y bombardeos de la coalición en Siria e Irak nos situaba en un segundo plano en la lista de objetivos de los yihadistas. Ahora vemos que eso no es un hecho determinante. De nuevo hemos de tratar de aproximarnos a su mentalidad.

Desde luego hay otras razones para ese ataque. Una de ellas es la eficacia hasta el momento de nuestras fuerzas de seguridad a la hora de localizar células e integrantes del Daesh en España, que ha llegado a convertirnos en el país que más detenciones ha llevado a cabo, golpeando no sólo a posibles células operativas sino al aparato propagandístico, financiero y de reclutamiento. Conseguir un éxito en España es un magnífico mensaje de consumo interno. Lanzan dos ideas: están vengando a sus "hermanos" a los que no olvidan y la otra, nadie está a salvo.

Otra razón es el mito de Al Ándalus. Para el Daesh España, como parte principal de lo que fue Al-Ándalus, no es Europa, es tierra musulmana conquistada por los "cruzados". Y reclama su derecho natural sobre esta tierra. Para sus adeptos es un icono, y para el Daesh, cualquier acción en una tierra que consideran que les ha sido arrebatada y que representa el momento de mayor esplendor del islam en la historia, significa por un lado lanzar un mensaje a los suyos de su compromiso con sus objetivos y, por otro lado, una oportunidad ideal para reclutar nuevos miembros, así como una fuente de inspiración para nuevas acciones.

Y en este punto, cuando hablamos del uso de los ataques como reclamo para reclutar combatientes es cuando enlazamos con lo mencionado en párrafos anteriores.

Entre otros argumentos, los yihadistas, para reclutar jóvenes, esgrimen entre estos que la islamofobia es un fenómeno creciente, que Europa es un lugar donde los musulmanes ya no son bienvenidos, una tierra donde puedan vivir en igualdad y practicar su fe sin ser discriminados y estigmatizados.

Una de las finalidades de los ataques en suelo europeo es precisamente aumentar esa sensación de islamofobia. Es inevitable que tras cada ataque se incremente el sentimiento de rechazo hacia el colectivo musulmán. No es objeto de este análisis profundizar en ese importante aspecto, pero es un hecho evidente.

Ese rechazo, aunque pueda parecer incongruente, es algo que busca el Daesh, pues es el que alimenta la radicalización principalmente de los más jóvenes y lo que le proporciona nuevos adeptos.

Crear esa corriente de opiniones encontradas en el seno de las sociedades europeas es abonar el campo para recolectar adhesiones.

Pensemos por un momento en otro hecho dramático en sí mismo, que ha contribuido a fomentar esa sensación de rechazo en los musulmanes. Nos referimos a las avalanchas de refugiados. Sin duda alguna ese masivo movimiento migratorio ha sido fomentado en gran parte por el Daesh. Y lo ha utilizado conscientemente como un elemento más para contribuir a la desestabilización de las sociedades europeas. Con efectos perniciosos incluso entre países miembros de la UE.

La combinación del problema de los refugiados, con todas las variantes que tiene el mismo y las diferencias que ha creado en el seno de la Unión Europea junto con los ataques en suelo de la unión es la mezcla perfecta para lograr ese fin.

Los hechos

El punto clave de lo sucedido en Cataluña es Alcanar. Esa pequeña localidad fue la elegida por el Daesh para fabricar los explosivos que pensaban utilizar para su ataque.

Afortunadamente, el miércoles 16 de agosto, a las 23:30, un fallo durante la fabricación del TATP provocó una explosión que costó la vida a tres de los integrantes de la célula, frustró los planes de los yihadistas y precipitó los acontecimientos.

A nadie se les escapa que una operación de la entidad de la que se estaba preparando no se improvisa en unos días, y mucho menos por un grupo de jóvenes casi recién captados por un imán local. Y este es un punto importante. El imán de Ripoll ha sido señalado por los medios como el líder de la célula, pero probablemente su función no fuera más allá de identificar a los jóvenes proclives a radicalizar e iniciar las primeras fases de ese proceso. Alguien de más nivel, formación y ascendencia debió ser quien completara la tarea. Lograr que unos chavales alcancen tal grado de fanatismo que los lleve a estar dispuestos a participar como suicidas en un ataque con explosivos o a sacrificarse como lo hicieron en varias acciones de poca entidad, no es algo que esté a la mano de alguien con el perfil del imán Abdelbaki es Satty. Teniendo en cuenta además que en ese proceso de radicalización "exprés" es fundamental que tal como se culmina el proceso, se ejecute el ataque, pues la falta de una base sólida hace que las probabilidades de un retroceso en el mismo se multipliquen exponencialmente con el tiempo.

Pero regresando a la preparación del ataque. Una vez tomada la decisión y dadas las órdenes hubo de reconocerse el terreno para buscar una ubicación adecuada para organizar el mismo y preparar los explosivos. La novedad aquí la encontramos en el modo de hacerse con el inmueble, lo cual demuestra también el conocimiento profundo de la realidad social, pues se decidió "okupar" la vivienda. En cualquier país europeo, casi con toda seguridad, esto no habría sido una opción.

Probablemente, si nos retrotraemos a la fecha en que los yihadistas se instalaron en el inmueble, podremos tener una primera referencia sobre cuánto tiempo llevaban preparando los ataques.

En relación con este asunto, es interesante un dato, o, mejor dicho, otra pregunta, ¿Quién "okupo" la casa de Alcanar? ¿Quién residía allí de forma permanente? Ninguno de los miembros de la célula fallecidos o los tres detenidos, ya que todos eran vecinos de Ripoll. Y resulta complicado creer que el superviviente de la explosión, Mohamed Houli, un crío de 20 años fuese quien se hiciera con la casa.

Todos la frecuentaban, pero ninguno residía allí. Y es impensable que en una casa donde se está organizando un ataque y se están preparando más de cien kilos de explosivos no haya nadie permanentemente.

Del mismo modo que alguien realizó ese reconocimiento "logístico" para localizar la casa, también se hubieron de realizar reconocimientos de los objetivos. Tarea que sin duda debió ser realizada en una primera fase por personal preparado y con experiencia, para identificar tanto los itinerarios como los objetivos en sí, las medidas de seguridad en torno a estos y los posibles efectos de los ataques. Una vez aclarados esos puntos, los reconocimientos se repetirían con los ejecutantes.

La fabricación de los explosivos es otro aspecto determinante. Es cierto que el tristemente TATP es un explosivo de fabricación casera. Pero esa supuesta facilidad a la hora de elaborarlo se debe circunscribir a la facilidad para adquirir los componentes. Fabricar explosivos nunca es fácil, ni es algo que esté al alcance de cualquiera y, aun siendo así, una vez obtenido éste, montar un artefacto requiere unos conocimientos técnicos más elevados.

De nuevo en este punto, se hace cuando menos complicado, entender que unos jóvenes sin ninguna formación ni preparación previa fueran capaces de elaborar el explosivo a utilizar en tales cantidades (no olvidemos que estamos hablando de aproximadamente 100kg y después de armar los artefactos para que explosionaran, ya fuera mediante activación directa, mediante radiocontrol o por el método que fuera. Recordemos que la norma en este tipo de ataques es que el artefacto tenga dos modos de activación, uno de ellos, por lo general a distancia, y en manos de un "controlador", para asegurarse la explosión de éste en caso de que el suicida dude o se arrepienta en el último momento. Esto, como es obvio, aumenta la complejidad a la hora de la preparación, por lo que se nos hace casi imprescindible la aparición en escena de uno de esos "ingenieros" encargados de estos menesteres, el cual, hasta el momento ni se ha localizado ni identificado. Evidentemente, queda la incógnita de qué fue lo que causó la explosión anticipada de los explosivos. Parece, según declaraciones del único superviviente, que ésta ocurrió durante la fase de secado de este, lo cual nos lleva a pensar que, al ser una fase en la que no se necesita de ninguna acción técnica, esa persona encargada de montar los artefactos no estaba presente. Y eso cobra sentido, ese "ingeniero" sólo se desplazaría a Alcanar cuando su intervención fuera necesaria para el montaje de las bombas, lo que nos está indicando de la existencia de al menos otro piso franco al servicio de la red.

Y de nuevo un inciso. Entre los restos de la casa no se encontraron armas de ningún tipo. Resulta, cuando menos extraño, que un lugar que es el centro de operaciones de una célula terrorista y donde se almacenan 100kg de explosivos no esté protegido con personal armado para actuar frente a cualquier contingencia.

Pero, como todos sabemos, algo falló. O bien alguno de los jóvenes inexpertos cometió un error o un accidente fortuito hizo que todo el plan se viniera abajo. Y esto desencadenó los acontecimientos que ya conocemos.

A partir de ahí, la secuencia de hechos es muy interesante.

El mismo día de la explosión en Alcanar, pero por la mañana, el grupo alquiló dos furgonetas, previsiblemente para usarlas cargadas con los explosivos que estaban preparando. Este dato, unido a que el accidente se produjo cuando los explosivos estaban en la fase de "secado", una de las últimas de su elaboración, nos indica que el ataque era inminente, que se produciría en las siguientes 48 horas.

Queda claro que la explosión trastocó todos los planes. A partir de ese momento podemos concluir que la célula se divide en dos grupos o, tal vez sería más apropiado hablar de tres.

Y surge otra pregunta: ¿Quién los organizó? Porque el que se supone que era su cabecilla había fallecido en la explosión.

No se puede pensar que las acciones llevadas a cabo tras la explosión fueron improvisadas sobre la marcha. Y la aparición de una de las furgonetas alquiladas en la localidad de Vic sustenta la hipótesis de que fueron tres los grupos que se organizaron.

En primer lugar, Mohamed Hichamy alquila el jueves por la mañana una Renault Kangoo, pero sufre un accidente y abandona el vehículo.

Younes Aboyaaquob utiliza una de las furgonetas alquiladas el día anterior para realizar el atropello masivo en las Ramblas. Esta acción dio tiempo al resto de la célula a organizarse y dirigirse a Cambrils, mientras todo el foco de las fuerzas de seguridad estaba centrado en Barcelona. Y un dato para tener en cuenta es donde detiene Younes la furgoneta: justo a la altura del mercado de la Boquería, y, al contrario de lo que podría esperarse de un joven de 22 años que acaba de atropellar a decenas de personas, que se supone lleno de fanatismo y que debería estar cuando menos sobreexcitado, éste se baja tranquilamente del vehículo y se marcha caminando a través del mercado como así atestiguan las cámaras. Un mercado que no deja de ser un pequeño laberinto y que atraviesa caminando, pero sin dudar y dando la impresión de que sabía perfectamente adónde y por donde iba. Resulta evidente que el lugar donde se detuvo no fue casual y que el mercado había sido objeto también de ese reconocimiento previo. ¿Estaba planeada la huida? ¿Era el atropello parte del plan inicial? Es probable. Es más, puede que activasen la única parte del plan inicial que aun podían llevar a cabo, pero con una finalidad muy distinta. Y la finalidad no era otra que dar tiempo a parte de la célula, esos elementos clave de verdad, los controladores y el encargado de montar las bombas, para huir. Ese es en toda estructura el personal crítico y al que hay que proteger a toda costa.

Es por ello por lo que el segundo ataque se produjo en un punto tan alejado del primero y, lo que es más importante, del lugar donde apareció la segunda furgoneta: Vic. Da la impresión de que la intención era alejar el foco de las FCSE y llevarlo hacia el sur, lo más lejos posible de ese preciso punto. ¿Quién uso esa furgoneta? ¿Quién la abandono allí?

Siguiendo con el ataque de Cambrils, el modo de llevarlo a cabo no encaja con la actitud que podría esperarse de aquellos que estaban organizando una acción tan compleja. Usaron un vehículo improvisado. Atacaron un objetivo al azar y sin reconocer previamente. Parece que el único interés era llevarlo a cabo lo más alejado y al sur posible de Barcelona. Seguramente el lugar ni siquiera lo escogieran ellos. Pues el instinto lleva a cualquiera que pretenda hacer algo así a hacerlo en un lugar conocido, un lugar donde uno se mueva con comodidad. Y como colofón, el hecho grotesco de que adquirieran lo cuchillos en un comercio chino poco antes del ataque. Sencillamente no encaja. Como vemos muchas preguntas que por sí solas construyen una historia lógica y que nos habla de un plan muy elaborado, con más implicados de los que conocemos y que nos demuestra una infraestructura muy profunda. Y como último aspecto para apoyar este último punto, hemos de regresar al atropello de las ramblas. Younes no sólo huyó tranquilamente, sino que estuvo tres días huido, sin que se tuviera rastro alguno de él. Y cuando apareció, lo hizo al aproximarse a una vivienda tratando de buscar a alguien conocido, con una ropa diferente a la que llevaba cuando huyó y con un chaleco explosivo falso que tampoco llevaba en ese momento. Es claro que tuvo apoyo y refugio.

Conclusiones

En lo que se refiere a las conclusiones iremos, como ha sido la pauta, de lo general a lo concreto.

El objetivo de cualquier grupo u organización terrorista es la desestabilización, y el Daesh busca lo mismo con ataques en suelo europeo. Y eso incluye desde luego a España.

El hecho de golpear en nuestro país es debido a que en el momento actual es considerado el punto más débil. El Daesh está en permanente búsqueda de objetivos, y no nos referimos a objetivos físicos que atacar, sino a zonas, países o lugares más proclives a crear ese efecto desestabilizador.

Del mismo modo que en la zona del Sahel el Daesh aprovecha aquellos lugares donde la situación económica, la desesperanza y el vacío de poder crean un caldo de cultivo perfecto para implantarse, en Europa busca aquellos lugares donde un ataque ayude en cierto modo a crear esas condiciones óptimas donde sus ideas puedan arraigar entre la población musulmana. Sus ataques buscan golpear allí donde según sus criterios la estabilidad social puede verse afectada más fácilmente, y llevarla así a entrar en esa espiral perniciosa en la que el rechazo a un ataque se transforma o vende adecuadamente como islamofobia, calando en los musulmanes tanto en Europa como fuera de ella el sentimiento de rechazo, lo cual a su vez los hace más vulnerables a aproximarse a los postulados más radicales.

Eso nos lleva a identificar como clave esos puntos de "fractura social" como países, lugares o situaciones que pueden convertirse en objetivos del Daesh.

Descendiendo al caso concreto de España y a lo sucedido en Cataluña, podemos afirmar sin temor a equivocarnos que ese y no otros fue el motivo para elegir el blanco. El terreno abonado era perfecto para sus intenciones. Y es por ello por lo que buscaron asestar el más duro golpe posible. Golpe que debió llevar meses de preparación y que difícilmente pudo ser ideado, planeado y diseñado por un grupo de jóvenes sin experiencia alguna.

Del mismo modo, se ha puesto en evidencia la existencia de una sólida infraestructura en la región, que les ha permitido moverse sin ser detectados, establecer una base de operaciones preparar más de 100kg de explosivos y, cuando han tenido un imprevisto, reaccionar creando el suficiente caos como para conseguir parcialmente sus objetivos y permitir la huida de parte de los integrantes de la célula.

Esto nos lleva a concluir que, por un lado, sólo la unidad a todos los niveles, así como una sociedad fuerte, tanto en sus convicciones como en su respuesta puede protegerse de este tipo de ataques, y que son precisamente esos mismos factores los que pueden ejercer como la mejor vacuna para evitarlos, pues nuestro enemigo nunca atacará, nunca malgastará sus recursos en un objetivo que le sea estéril en su más deseado botín, la desestabilización.

Bibliografía

"Terrorist Trends in Europe" Geopolitics/Geopolitical futures, Keeping the future in focus. https://geopoliticalfutures.com

CARRERA Sergio, GUILD Elspeth, MITSILEGAS Valsamis "Reflections on the terror attacks in Barcelona". Policy Insights. CEPS nº2017-32 Agosto 2017.

6. BOKO HARAM. EVOLUCIÓN DE UNA AMENAZA

12 de febrero de 2019

La reciente mal llamada derrota del DAESH ha abierto un nuevo escenario dentro de la lucha contra el yihadismo. La pérdida del control efectivo que ejercía sobre parte del territorio de Siria e Irak, así como de los recursos que les proporcionaba dicho control ha obligado a la organización a replantear su estrategia. Esta se ha reorientado por un lado hacia Libia, donde el terreno está abonado para su implantación, y por otro hacia lo que se viene en denominar el "Califato virtual", manteniendo la propaganda, la difusión de mensajes con fines de reclutamiento y tratando de dar a sus seguidores una imagen de fortaleza e inmutabilidad. Pero los últimos movimientos denotan una tercera dirección que apunta a África, y más concretamente al centro-oeste del continente. En esa zona diversos grupos ya prestaron en su día fidelidad al Califato y se establecieron nuevas provincias de este. Es un área de difícil control, con grandes extensiones sin posibilidad de ejercer la autoridad por parte de los gobiernos locales, con una población sumida en la más absoluta miseria y olvidada por sus respectivos Estados y que además ofrece grandes recursos que si logra controlarlos asegurarían la financiación del Daesh.

Y entre esos grupos, el más potente, el más numeroso y el que supone una mayor amenaza por su capacidad de desestabilización de toda la zona es Boko Haram. Es por ello por lo que este trabajo cobra actualidad.

Introducción

Durante los últimos años ha habido un notable incremento en los ataques terroristas perpetrados por grupos islámicos extremistas relacionados con Al Qaeda o el DAESH a lo largo del continente africano. Algunos de esos ataques, que han golpeado una extensa franja, desde Nigeria y Burkina Faso hasta Somalia, han captado la atención de los medios de comunicación y han sobrecogido, aunque sólo sea por unos días, a la opinión pública. Pero la mayoría han pasado desapercibidos y, a pesar de esa falta de atención por parte de los medios, la realidad es que la situación está empeorando. Y esto no significa necesariamente que los ataques se estén incrementando. Son otros muchos factores los que nos indican esa tendencia de deterioro en la situación.

No obstante, y dejando de lado otras consideraciones, este asunto cuestiona la capacidad real de los países africanos de contener la amenaza y combatirla de un modo eficaz y efectivo, lo cual tiene enormes implicaciones en lo que se refiere a la seguridad, no solo como muchos piensan, en los países del sur de Europa, sino en toda la UE y para su futuro y estabilidad.

La zona objeto de los ataques dibuja un arco a lo largo de toda la región del Sahel, el cual se extiende desde las costas del Océano

Atlántico, en el oeste, hasta el Mar Rojo, por el Este. Toda esa región está claramente controlada por una red de grupos islámicos que van desde al-Shabaab en Somalia hasta Boko Haram en Nigeria, pasando por Al Qaeda en el Magreb Islámico (AQMI), junto con el DAESH y sus franquicias en Libia.

De todos ellos, los que operan en ambos extremos, al-Shabaab en Somalia, y Boko Haram en Nigeria, son de lejos los más activos, pero tanto AQMI como el DAESH han sufrido una eclosión durante la cual, a la vez que han sido capaces de expandirse por ese inmenso territorio, han tomado como objetivo no sólo a occidentales, bien sean miembros de ONG,,s, militares de países intervinientes en la zona o miembros de la ONU, sino a los propios civiles, tanto por su no colaboración con ellos como por motivaciones religiosas.

Países como Nigeria, Somalia, Mali y Libia se han convertido en el nuevo epicentro del terrorismo internacional, un fenómeno que afecta y amenaza a otros estados de la zona como Kenia, Egipto, Túnez, Argelia, Níger, Camerún y Chad, alguno de ellos pieza clave para la estabilidad no sólo de la región, sino del continente y de Europa misma, y que sufren un serio riesgo de pasar de "damnificados por el fenómeno" a "nuevos focos generadores del mismo".

En junio de 2011, el anterior gobierno de Nigeria, liderado por el presidente Goodluck Jonathan, creó la "Joint Task Force" (JTF), una unidad militar especial compuesta por miembros de las fuerzas armadas y la policía con el objetivo de mitigar la amenaza del yihadismo radical violento.

Pero los resultados de esa iniciativa sobre el terreno fueron contradictorios, pues la actividad insurgente se recrudeció. Según afirmaciones de líderes de la sociedad civil, los abusos de la JTF crearon un profundo y creciente resentimiento en sus comunidades, provocando que sus miembros fueran reacios a proporcionar información que ayudara a combatir a Boko Haram. La actuación de esta fuerza no hizo sino aumentar la brecha entre el gobierno, ya de por sí con poca credibilidad en los estados del norte, y entre los habitantes de la zona.

Poco después de ser elegido, el presidente Muhammadu Buhari prometió que su nuevo gobierno erradicaría al grupo terrorista Boko Haram, dedicando a ello todos los esfuerzos necesarios de su administración y devolviendo la paz a las zonas afectadas y controladas por el grupo. Pero esa promesa no se ha cumplido, y a la vista de los acontecimientos y de los datos que nos proporciona la historia reciente en lo que a la guerra contra el terrorismo se refiere, está muy lejos de cumplirse. Los hechos nos dicen que el único caso de erradicación total de un grupo terrorista es el de la organización "Tigres Tamiles de Liberación", la cual operaba en Sri Lanka. Pero ese objetivo sólo se logró una vez que el gobierno decidió acabar con el grupo a cualquier precio y se lanzó a una brutal campaña de acciones militares que duró casi 30 meses.

El ejército de Sri Lanka consiguió eliminar a uno de los grupos terroristas más terribles y eficaces, que había perfeccionado enormemente la técnica de empleo de terroristas suicidas. La pregunta que nos hace plantearnos este hecho es, ¿podría lograrse lo mismo en Nigeria con Boko Haram?

Es evidente que el enfoque del presidente Buhari para lograr resolver la situación recae en el incremento del despliegue de tropas en el noreste del país y una mayor cooperación y coordinación con las fuerzas de seguridad de los países vecinos que permitan llevar a cabo operaciones más efectivas contra el grupo y aquellos que le apoyan. El ritmo de crecimiento de Boko Haram y sus acciones le han convertido en un factor desestabilizador para toda la región, y ello refuerza la necesidad de restaurar el orden no sólo de Nigeria, sino en todos los países vecinos.

Pero las raíces del problema son mucho más profundas y complejas, y este no puede ser resuelto totalmente sólo mediante acciones militares. Dichas acciones son necesarias, eso es un hecho objetivo, pero también lo es el que en paralelo deben llevarse a cabo otras en el plano civil, político y económico, enfocadas al desarrollo, el reasentamiento de los desplazados, la reconstrucción y fundamentalmente a la educación y formación de los jóvenes.

El Origen

Los problemas del noreste de Nigeria no pueden considerarse únicamente problemas de seguridad. Varios son los retos que afectan no sólo a esa región sino a todo el país y que amenazan su estabilidad:

- Corrupción: Generalizada y extendida por todo el territorio e instituciones. Este es probablemente el más serio.

- Criminalidad y terrorismo: Con Boko Haram en el epicentro, pero hay que añadir las tensiones y violencia por problemas tribales, religiosos etc.

- Desempleo: Según informes del Banco Mundial, el 80% de la población por debajo de 24 años está en paro.

- Educación. El índice de analfabetismo ronda el 78% y la corrupción del sistema educativo incluyendo las universidades es endémica, convirtiendo el sistema en ineficaz.

- Medio Ambiente: Nigeria sufre los problemas de medio ambiente clásicos en los países en desarrollo, como la pérdida de la fertilidad de la tierra a causa de la sobreexplotación, vertidos de petróleo, emisiones tóxicas, contaminación del agua debido a un inapropiado tratamiento de aguas residuales, etc.

-       Infraestructuras: Nigeria adolece de un sistema de producción y distribución de energía eléctrica fiable, así como de un suministro adecuado y seguro de agua, lo cual, unido a la falta de infraestructuras adecuadas de transporte, tiene un impacto negativo en el desarrollo económico y en la salud de sus habitantes.

-       Disputas territoriales: Nigeria se ha visto envuelta desde su independencia en 1960 en 18 disputas fronterizas con Benin, Chad, Guinea Ecuatorial, Camerún y Níger

Todos los problemas relacionados dificultan cuando no imposibilitan la prestación de servicios básicos por parte del Estado como son la educación, la seguridad y la gobernanza, y ello nos lleva a formularnos dos preguntas: ¿Es esta situación una bomba de relojería que puede derivar en un conflicto social que termine en guerra civil? ¿Podemos considerar a Nigeria como un Estado fallido?

Según manifiesta Rober Rotberg[54] en su libro *"Cuando el Estado falla"*, podemos considerar a un Estado fallido cuando éste es azotado por la violencia interna y no es capaz de desarrollar políticas positivas para sus ciudadanos. Es entonces cuando el gobierno pierde su legitimidad y la propia naturaleza del Estado

---

[54] **Rober Rotberg:** 11 de abril de 1935. Académico norteamericano que ocupó el puesto de presidente de la World Peace Foundation entre 1993 y 2010. Profesor de gobernanza y asuntos exteriores, fue director del Programa sobre Conflictos Intraestatales, Prevención de Conflictos y Resolución de Conflictos en la Escuela de Gobierno John F. Kennedy de la Universidad de Harvard desde 1999 hasta 2010.

de vuelve ilegítima a los ojos de la mayoría de sus ciudadanos. También afirma que en la mayoría de los Estados fallidos las fuerzas de seguridad han de hacer frente a rebeliones armadas lideradas por uno o más oponentes.

Las afirmaciones de Robert Rotberg describen bastante bien la situación actual de Nigeria. Si añadimos la definición que hace el Crisis States Research Center (CSRS), que define como Estado fallido a aquel que sufre una situación de colapso tal que no puede desarrollar las funciones básicas de seguridad y desarrollo y no tiene control efectivo sobre su territorio, podemos entonces aseverar, de acuerdo con los parámetros establecidos por el CSRS, que Nigeria corre un serio riesgo de pasar a formar parte de la lista de Estados fallidos.

Es una compleja combinación de factores la que ha favorecido que estos grupos de corte islamista hayan podido operar con relativo éxito, y entre ellos hemos de incluir la porosidad de las fronteras entre los países de la zona, la falta de instituciones de gobierno y control, unos estados débiles cuando no corruptos (o ambas cosas a la vez), el descontento y falta de desarrollo económico de la población, el desempleo, la pobreza y unas fuerzas de seguridad mal entrenadas y peor equipadas. Como puede verse, el abono perfecto para el arraigo de cualquier tipo de movimiento insurgente, radical o contestatario de toda naturaleza, especialmente porque la mayor parte de esos elementos tienen un hilo conductor común o llegan al mismo punto: la falta de desarrollo y la falta de esperanza. En esas circunstancias, cualquiera que ofrezca algo mejor a lo que tienen, aunque sólo sea la posibilidad de lograrlo, tiene garantizado el apoyo y el éxito.

Junto a lo ya mencionado, hemos de incluir otro aspecto no menos preocupante como lo son los tráficos ilícitos de todo tipo y las redes de crimen organizado que aprovechan la convulsa situación geopolítica de la zona, así como las facilidades que proporciona un territorio tan vasto, casi imposible de controlar. Estas organizaciones son parte esencial en la financiación de las acciones de los grupos yihadistas, cuando no su verdadera razón de ser, cubriendo o revistiendo de una motivación religiosa o "moral" la que es su verdadera actividad u ocupación, que no es otra que el lucrarse por medio de actividades delictivas.

Todo lo mencionado hasta ahora nos lleva a comprobar que estamos ante un fenómeno que tiene muchas aristas, una amenaza que muestra varias facetas, que no siempre la más visible es la real, y que nos sitúa ante lo que podríamos calificar de un nuevo tipo de guerra híbrida, ese concepto tan actual, pero que en este caso incluye aspectos socioeconómicos, culturales, religiosos y criminales.

Hasta no hace mucho, la tendencia general era la lucha entre los distintos grupos y facciones, agrupados principalmente en torno a Al Qaeda y el DAESH, por captar la atención tanto dentro como fuera del territorio, el ser visto como actores principales e influyentes en el futuro de la zona con la finalidad de lograr adeptos, apoyos, reclutar combatientes y ganar territorio para demostrar así ante el mundo y "su mundo", su fuerza y relevancia. Y no cabe duda de que los periodos de mayor intensidad en sus acciones, tanto en número como en relevancia, han venido propiciados por dicha estrategia.

Los grupos adscritos a Al Qaeda, como al-Shabaab, emplean lo que podríamos considerar tácticas terroristas convencionales que incluyen acciones guerrilleras en las zonas de actuación, secuestros, colocación de artefactos explosivos y ataques suicidas. Por el contrario, la "marca" de actuación del DAESH y sus grupos asociados tienen una tendencia mucho más brutal si cabe y se caracterizan por una violencia extrema, que van desde la aplicación extrema de la sharía con su particular forma de castigar las faltas, como las decapitaciones, amputación de miembros y las lapidaciones, al empleo de acciones con el resultado de bajas masivas e indiscriminadas, la opresión sistemática de la mujer incluyendo la esclavitud, tortura, violaciones y desde luego los ataques suicidas.

Así, el gran reto en África es encontrar la forma de contener la rápida y profunda penetración de los grupos afines a ambas organizaciones, que han copado la región con grupos terroristas afines. Ambos grupos son rivales, y compiten por hacerse con el territorio y el apoyo local, lo cual significa principalmente un mayor acceso a recursos materiales, económicos y de personal, pero tienen en común, aparte de la ideología y su objetivo final, el uso del terror como estrategia de movilización.

Y, mientras que esa creciente rivalidad ha representado hasta ahora un importante desafío a la seguridad, la situación actual ha tomado una deriva que nos pone ante lo que puede ser un reto aún mayor para la situación de seguridad en África y que tiene evidentes repercusiones en lo que se refiera a la seguridad de Europa. Esta amenaza no es otra que la ya más que evidente tendencia creciente de colaboración entre los diferentes grupos terroristas, sin importar cual sea su afiliación, en lo que se refiere a reclutamiento de militantes, adiestramiento, financiación y acciones concretas en toda el área del Sahel.

Del mismo modo, y de una manera mucho más rápida de lo que se podría esperar, ya han comenzado a usar modernos sistemas de comunicaciones, redes de campamentos e instructores para el adiestramiento de combatientes, a través de las cuales comparten las tácticas militares aprendidas a lo largo de años de actividad, estrategias de comunicación y publicidad en lo que podríamos considerar a todas luces campañas de lo que se conoce como INFOOPS y métodos para mejorar su financiación y la circulación de sus recursos.

Y el ejemplo más patente de ello lo tenemos en la evolución durante los últimos seis o siete años de las actividades insurgentes de Boko Haram en Nigeria.

Entendiendo Boko Haram

Este grupo, el más numeroso y violento de la zona, ha mantenido su actividad durante décadas, pero no fue sino tras su afiliación a la marca de Al Qaeda en el Magreb Islámico, AQMI, en 2010, impulsada por su líder Abubakar Sheaku, cuando experimentó un claro crecimiento y mejora de su financiación y en el adiestramiento de sus miembros.

Pero en 2015 el grupo cambió de referencia, seguramente empujado por los éxitos del DAESH en Siria e Irak y la implantación efectiva del califato, viendo en ello una oportunidad de seguir creciendo, y prestó juramento de fidelidad al DAESH. Ello se tradujo inmediatamente en un cambio de estrategia y comenzó a llevar a cabo ataques brutales e indiscriminados en lugares como mercados y mezquitas contra aquellos que no profesaban la corriente sunnita del islam. A estos se añadieron acciones más allá de las fronteras de su país de origen, golpeando en países vecinos como Chad y Níger, aprovechando de ese modo sus conexiones con grupos de la zona y buscando la expansión del califato en el oeste del continente africano. De nuevo se materializaba así la teoría del "ink spot".

El caso de Boko Haram es seguramente el más claro ejemplo de cómo los grupos terroristas islamistas del Sahel comienzan a explotar sus lazos con las dos principales "franquicias" del terror. En su caso, para alcanzar sus objetivos en Nigeria. Pero no podemos obviar que esta comienza a ser la tendencia y que puede convertirse o podría estar convirtiéndose en el modo común de actuación en la zona, algo que tiene visos de ser la práctica habitual en el futuro más inmediato, materializando así la hipótesis de la opción más peligrosa en la evolución del terrorismo yihadista.

La realidad es que Nigeria ocupa hoy en día el tercer puesto en el ranking de los países en lo que al número de ataques terroristas se refiere, sólo superado por Irak y Afganistán. Y para poder comprender el fenómeno en toda su extensión y el alcance de la amenaza, vamos a hacer un breve recorrido por la historia del grupo más numeroso, carismático y con más potencial de la zona.

El nombre oficial de Boko Haram es Jama'atu Ahlus-Sunnah Lidda'Awati Wal Jihad, que significa "El pueblo dedicado a la propagación de las enseñanzas del profeta y la Yihad". Pero en el mundo se le conoce con su nombre reducido, Boko Haram, que significa en legua hausa "La educación occidental es pecado". Este nombre fue el que le dio la población de Maiduguri, capital del estado de Borno, en el norte de Nigeria, en el cual se originó el grupo. Su objetivo es la creación de un Estado islámico donde sea la ley islámica o sharía la que regule la vida de sus habitantes, eliminando cualquier reminiscencia de influencia occidental, lo que desde luego no es lo que podríamos considerar un planteamiento original dentro de los grupos del mismo corte.

Su principal postulado es renegar de un país que consideran gobernado por infieles, incluso siendo el presidente del país musulmán. En sus comienzos, y al contrario de la forma de actuar de al-Qaeda y sus franquicias, Boko Haram focalizó su actividad en Nigeria y en los países limítrofes Y ello, a pesar de que desde siempre ha mantenido fuertes lazos con otros grupos yihadistas sobre todo en lo que a ideología y apoyo logístico se refiere. Pero el grupo se ha ido moldeando a las peculiaridades de esa zona de África, donde se entrecruzan conflictos no solo religiosos, sino tribales, sociales y económicos, algunos de ellos con siglos de historia. Y ese contexto tan especial donde se ha desarrollado el islamismo extremista en Nigeria ha transformado a Boko Haram en lo que es hoy día.

Hay dos opiniones encontradas sobre cuándo se puede establecer el comienzo de Boko Haram como grupo insurgente. Hay quien sitúa este momento en 2010, cuando llevó a cabo su primera acción armada bajo el liderazgo de Abubaker Sheaku. Otra corriente, por el contrario, establece ese punto en el mismo momento de su fundación oficial por Mohamed Yusuf en 2002.

Lo que es un hecho evidente es que el contexto religioso en la zona norte de Nigeria es un factor más que determinante para entender la aparición de Boko Haram. De hecho, este no es el primer grupo yihadista o con una visión extremista del islam que aparece en el país africano.

La historia de Nigeria, y especialmente el norte del país, tiene una larga historia de movimientos islamistas que se remontan a la guerra Santa librada por Sheik Usman Dan Fodio a comienzos del siglo XIX.

La realidad es que desde que el califato de Sokoto cayó en manos de la dominación británica en 1903, la zona en la que este se asentaba, que comprendía parte de lo que hoy es el norte de Nigeria, Níger y el sur de Camerún, ha mostrado siempre una fuerte resistencia entre sus habitantes musulmanes a la adopción de las costumbres y educación occidentales.

Es por ello por lo que, si echamos la vista atrás y hacemos un recorrido por la corta historia de Nigeria como país, la radicalización ideológica ha sido una constante. Antes de que Mohamed Yusuf emergiera como el líder de un grupo conocido como Boko Haram, los estados del norte y este del país como Borno, Yobe y Bauchi ofrecían un campo abonado y fértil para que la ideología radical se afianzara entre sus habitantes.

Los líderes de Boko Haram han demostrado una eficiente habilidad para manipular a una población ya de por sí radicalizada, sembrando su propia ideología para reclutar y transformar grupos socio-religiosos ya existentes en militantes violentos. Este hecho, la presencia previa de dichos grupos, fue la pieza clave sin la que Mohamed Yusuf no habría podido atraer a una cantidad tan significativa de seguidores en un periodo tan corto de tiempo. Una vez más vemos como las condiciones sociales y económicas adecuadas son la clave para el arraigo de la ideología radical yihadista, llevando a los habitantes de esas zonas a cruzar la línea que separa la radicalización de la violencia.

Pero esas depauperadas condiciones continúan presentes en el norte del país. Nigeria es un país totalmente polarizado en cuanto a la situación social, económica y religiosa, con un 50% de población de religión musulmana, la mayoría de los cuales pertenecen a la etnia hausa-Fulani, que precisamente se asienta en la zona norte. Por el contrario, en el sur se concentra la mayor parte de las etnias yoruba e igbo, en su mayor parte cristianos y animistas, significando el 40% de la población.

Ahondando más en las profundas diferencias de la sociedad nigeriana, se constata que el 75% de la población del norte vive en condiciones de pobreza, en muchos casos extrema, en contraste con el 27% de los habitantes del sur que comparten dicha situación. El factor clave para esta situación es el petróleo.

El delta del rio Níger es el pilar en torno al que gira la economía de Nigeria. Más del 80% de los ingresos del país proceden del petróleo. Esto se contrapone a la situación de la economía en el norte, dependiente principalmente de la agricultura y con una total falta de modernización.

Terminando de cerrar la ecuación, y como factor añadido causante también del ascenso de la violencia de Boko Haram, tenemos que señalar la constante marginación política que han sufrido las provincias del norte.

Evolución y escenarios

Tras su creación, y durante un primer periodo, los líderes de Boko Haram se centraron en aislar paulatinamente a sus seguidores de la sociedad, estableciendo pequeños asentamientos en torno a sus escuelas coránicas o "madrasas" en las remotas regiones de las provincias de Borno y Yobe. Todo esto sucedió entre 2002 y 2005 aproximadamente. Casi al final de esta fase, se inició lo que diferenció claramente a éste de otros grupos radicales presentes en Nigeria: sus acciones contra la policía.

Para esas fechas, el grupo evolucionó y junto con su crecimiento vino la transformación de éste en un fenómeno urbano. Fue en 2009, tras la operación que llevó a la muerte de su líder, Mohamed Yusuf, a manos de las fuerzas de seguridad nigerianas, y tras un periodo de inactividad que hizo pensar que el grupo estaba neutralizado, cuando resurgió bajo el liderazgo de Abubakar bin Mohamed Shekau.

Hasta ese momento las acciones del grupo se habían centrado en ataques a miembros de las fuerzas de seguridad o elementos como pequeños puestos o chek points, asalto a bancos, iglesias, sacerdotes cristianos y asesinatos selectivos. La mayor parte de ellos consistieron en tiroteos o emplazamiento de motos bomba.

Sin embargo, el cambio más significativo sobrevino con el empleo de terroristas suicidas en sus acciones. Salvo Al Shabaab en Somalia y AQMI (Al Qaeda en el Magreb islámico), ningún otro grupo yihadista en África había empleado dicha técnica hasta ese momento. Y la sofisticación y complejidad de las acciones denotaban la colaboración y asistencia de redes internacionales.

En 2014 sobrevino otro cambio significativo en su modo de actuar, ocupando amplias extensiones de territorio y manteniéndolas en lugar de replegarse tras cada ataque. Y a pesar de la colaboración con Al Qaeda y sus grupos afines, en agosto de ese mismo año, su líder declaró el califato en el territorio bajo su control, estableciendo la ciudad de Gwoza como capital de este al tiempo que proclamaba públicamente su lealtad al DAESH, dando la espalda a sus antiguos socios de Al Qaeda. Daesh aceptó esa adhesión dándole el nombre de "Estado Islámico de las provincias de África oeste", como parte integrante del califato global que estaba tratando de establecer en esos momentos.

El área de actuación de Boko Haram incluye los estados de la frontera noreste de Borno, Yobe y Admawa, internándose en las zonas adyacentes de Camerún, Chad y Níger. La débil situación socioeconómica de la zona, la gran inseguridad, los lazos étnicos, la porosidad de las fronteras y las relaciones con otros grupos islámicos en los países vecinos, han sido aprovechados por el grupo para afianzarse firmemente y facilitar su expansión. Este hecho es una fuente de preocupación para esos países fronterizos que ven como esa corriente radical islamista se interna en su territorio gracias, entre otros factores ya mencionados, a los lazos étnicos transfronterizos de la etnia kanuri dominante en la zona y que proporciona refugio a los miembros del grupo terrorista a ambos lados de la frontera.

Un elemento fundamental para cualquier grupo de esta índole es el reclutamiento. La masa de militantes de Boko Haram procede de jóvenes desencantados y desafectos al sistema, jóvenes formados pero desempleados y antiguos "Almajiris", niños de la calle, niños que en su momento fueron enviados a vivir y estudiar con reconocidos maestros coránicos. Esta es una práctica ancestral y habitual en algunas zonas del norte de Nigeria.

Otra fuente de reclutamiento, esta vez forzoso, la ha encontrado entre los jóvenes y niños que forman parte de los miles de personas que viven en campos de desplazados, que paradójicamente se encuentran en dicha situación a causa de la violencia y el deterioro de las condiciones de vida provocadas por Boko Haram. Los secuestros de menores se han convertido en algo recurrente, usando a las niñas éstas como esclavas sexuales y a niños o niñas como punta de lanza en sus ataques a lo largo de la frontera, frecuentemente como atacantes suicidas. Del mismo modo, también es habitual que se utilice a estos menores para obtener información.

En este capítulo, tenemos un último grupo. Esta vez son jóvenes captados de entre las bandas criminales que se mueven por Niger y Camerún. Grupos de delincuentes empujados a dicho modo de vida por la falta de esperanza, por la imposibilidad de poder ganarse la vida de otra forma. Una vez más vemos como las condiciones de vida y económicas juegan un papel fundamental a la hora de incitar a los habitantes de una zona a abrazar un movimiento radical y violento no por convicción, sino por necesidad. Una relación que podríamos calificar simbiótica, pero con resultado funesto.

En el caso concreto de Níger, el grupo ha ubicado algunas de sus bases en el sur del país, zona que considera no sólo segura sino una fuente de recursos humanos, llegando a significar para las autoridades del país una amenaza mayor que la de AQMI.

A pesar de los esfuerzos del gobierno nigeriano y de diversas agencias de inteligencia, actualmente no hay una estimación creíble de la entidad real del grupo. Shekau dirige a éste con mano de hierro, eliminando a cualquier posible rival dentro de la organización y no permitiendo a ninguno de sus mandos subalternos ganar la más mínima notoriedad o publicidad, llegando a no permitirles aparecer en ninguno de sus videos.

En lo que se refiere a su organización, Boko Haram opera como un movimiento insurgente al uso o una guerrilla subversiva, dividido en grupos más o menos homogéneos de entre 300 y 500 combatientes. Estos llevan a cabo actos de terrorismo, pero al mismo tiempo luchan por controlar el territorio y establecer su autoridad.

Las fuentes de financiación de la organización son muy diversas y van, desde las aportaciones de particulares a timos por internet. Y aunque sorprenda, entre las aportaciones particulares encontramos a dirigentes o miembros de la administración de los estados del norte de Nigeria y a empresarios. Otra fuente recurrente es la actividad criminal, cubriendo el espectro que va desde el robo de bancos a la extorsión. Así mismo, su asociación con grupos como AQMI también le ha reportado el apoyo financiero de estos. Y aunque resulte sorprendente por lo incongruente con su base religiosa, el tráfico de drogas también forma parte del espectro de recursos financieros, aunque no directamente, así como el tráfico ilegal de recursos naturales y el cobro de impuestos en los territorios que ocupa.

Boko Haram controla importantes tramos de la carretera que une Maiduguri, capital del estado de Borno, con el lago Chad, el punto en el que convergen las fronteras de Nigeria, Níger, Chad y Camerún y conocido por ser un nodo principal en las rutas de todo tipo de tráficos ilícitos que se dan en el Sahel. No hay evidencias de la implicación de Boko Haram en dichas actividades ilegales, salvo en lo que se refiere al tráfico de seres humanos, actividad en la que participa vendiendo como esclavas a jóvenes previamente secuestradas en el interior de Nigeria. Pero lo que sí hace al menos es cobrar a los diferentes grupos criminales por atravesar las zonas que domina.

Existe un amplio consenso entre analistas internacionales y expertos a la hora de exponer el enfoque sobre la posible solución al problema que representa Boko Haram a largo plazo. Y este planteamiento conviene que los gobiernos regionales deben planear y ejecutar lo antes posible estrategias holísticas que mejoren las condiciones socioeconómicas de los más desfavorecidos y las comunidades marginalizadas. El desarrollo de infraestructuras, la revitalización económica, la transparencia y una gobernanza efectiva, así como medidas claras contra la corrupción, deben de ser las prioridades en el marco de esas estrategias. Y el eje central de todo ello debe ser proporcionar a la población más joven de esas zonas acceso a una educación de calidad y a oportunidades de mejora económica mediante el empleo. Pero es evidente, y a nadie se le escapa que, aunque se tuviera la capacidad de desarrollar esas acciones de un modo inmediato, los resultados tardarían en ser palpables, y lo que es igualmente importante, son estrategias que para que funcionen necesitan un nivel de seguridad y normalidad que hoy en día son poco más que una utopía.

Por lo tanto, esa estrategia holística de medidas para el desarrollo y la gobernanza, encaminada a asegurar la paz, no es algo realista en las circunstancias actuales. Pero tampoco lo es una solución puramente militar para acabar con Boko Haram.

Se pueden identificar tres áreas prioritarias de actuación:

- **Evitar la regeneración de Boko Haram**

El grupo ha demostrado tener una gran resiliencia. Limitar su capacidad de abastecimiento y de reagruparse utilizando sus redes y rutas de transporte en la región es crítico. Sus miembros siempre se han movido sin dificultad alguna cruzando libremente las fronteras del norte de Nigeria: hacia Chad, a través del lago Chad y todas sus islas; hacia Níger y hacia Camerún, a través de los frondosos bosques, las zonas montañosas que jalonan gran parte de esta. Un ejemplo de todo ello es lo sucedido después de la muerte de Mohamed Yusuf, cuando la mayoría de los líderes cruzaron esas porosas fronteras en busca de refugio. Se cree que Abubakar Shekau, durante ese periodo, viajó al norte de Mali, donde se adiestró con el Movimiento para la Unidad y la Yihad en África Oeste (MUJAO). Del mismo modo, otros miembros de Boko Haram viajaron a Chad y Níger, donde recibieron adiestramiento en diversos campamentos y se unieron a la lucha yihadista con diferentes grupos en Somalia, Argelia y Afganistán, adquiriendo una experiencia y formación más que notable.

En 2010 todos esos elementos regresaron a Nigeria y el grupo resurgió como un ente mucho más letal y sofisticado. La caída del régimen de Gadafi y el caos posterior significaron otro acicate en esta nueva etapa debido al flujo de armas procedentes de los arsenales libios y de combatientes nigerianos que servían en las fuerzas de seguridad de Gadafi que llegaron a través de las rutas procedentes de Chad.

La expansión del Daesh hacia Libia, después de su derrota en Irak, puede atraer a combatientes de Boko Haram, lo cual en principio puede parecer un respiro o un alivio de la actividad yihadista en la zona del lago Chad. Pero si la presión internacional tiene éxito y logra la derrota del Daesh también en este campo de batalla, estos elementos yihadistas retornarán a sus lugares de origen, mucho más entrenados, con experiencia y más radicalizados en el plano ideológico. Y si esto llega a suceder, la amenaza será de proporciones inimaginables.

- Mantener la presión diplomática para lograr una efectiva cooperación regional:

Para evitar esa regeneración de Boko Haram, es esencial la cooperación entre Nigeria y sus vecinos para bloquear las rutas logísticas, erradicar los santuarios y los campos de entrenamiento e intercambiar inteligencia relativa al movimiento de los insurgentes y sus fuentes de financiación y abastecimiento. Con esa finalidad se creó la *Mutinational Joint Task Force*" (MNJTF), compuesta por fuerzas de Benín, Camerún, Chad, Niger y Nigeria. Pero esa fuerza no ha sido efectiva, pues la desconfianza entre Chad y Nigeria, sus diferentes visiones del problema, de la amenaza y sobre las prioridades han obstaculizado su acción. Esto ha dado como resultado que sólo se haya desplegado menos de la mitad de la fuerza prevista inicialmente. La solución a este problema concreto pasa porque elementos clave en la diplomacia internacional como Francia, Estados Unidos, la Unión Africana y Naciones Unidas eleven la presión para lograr esa fundamental cooperación regional y que los esfuerzos estén suficientemente financiados.

- Colaboración para cortar las vías de financiación de Boko Haram:

Tan importante como acabar con el flujo físico de dinero y de combatientes es lograr un control efectivo y el posterior bloqueo a nivel internacional de las fuentes de financiación del grupo, tanto dentro de Nigeria como fuera del país.

-        Favorecer la desmovilización de combatientes de Boko Haram:

Una acción fundamental para debilitar a Boko Haram y socavar su capacidad de regeneración es establecer procesos de reintegración similares a los que ya se utilizaron en Afganistán y que hagan atractivo a sus miembros la opción de la entrega de las armas y rendición. Los componentes del grupo no son una masa homogénea, y entre ellos se encuentran desde verdaderos yihadistas muy radicalizados a simples criminales oportunistas, adultos y niños, muchos reclutados por la fuerza, otros secuestrados y adoctrinados con posterioridad. Algunos se han unido buscando beneficio económico o simplemente como un empleo más. Muchos de ellos, sea cual sea su origen, se sienten atrapados en la organización. Incluso algunos de los que fueron forzados a unirse a ésta se sienten incapaces de volver a sus lugares de origen por la incertidumbre que rodea a ese posible regreso y con miedo a ser ejecutados si se entregan. Para una gran mayoría su visión del futuro permanece dentro de Boko Haram o huyendo a Libia llegado el caso como única opción.

Nigeria ha tratado de implementar un programa de reeducación y desradicalización en las prisiones, pero este está pobremente financiado y apoyado. Por ello, la potenciación de estos programas e incluso la implicación en los mismos de actores externos, es un paso clave en la derrota de la banda. Dichos programas también sería interesante implementarlos en Chad, Níger y Camerún para lograr una eficacia mayor, pues como se ha repetido en varias ocasiones el problema y la amenaza de Boko Haram es transnacional, y la solución debe tener el mismo carácter.

• Aumentar las capacidades de protección civil y bienestar social

La población del noreste de Nigeria y de la región del lago Chad es extremadamente vulnerable a los ataques de Boko Haram y a las privaciones e incertidumbre fruto del desplazamiento y abandono de sus pueblos y aldeas. Por ello, tantos las autoridades civiles como las fuerzas de seguridad tienen que priorizar la protección de esas comunidades y recuperar su confianza tras décadas de marginación. Ello requiere un cambio radical en su mentalidad, así como mejorar la capacidad de proporcionar no sólo seguridad, sino todo tipo de servicios comunitarios.

-	Mejorar las capacidades y profesionalización de las fuerzas de seguridad:

Prevenir y responder a los ataques de una fuerza insurgente, en un conflicto asimétrico a lo largo de un vasto territorio escasamente poblado y localizar unas células cada vez más fragmentadas es una tarea muy difícil y complicada. Para poder llevarla a cabo, las fuerzas de seguridad necesitan un equipamiento adecuado, así como elementos de obtención de información y transmisión de esta que les permita difundir la inteligencia que se obtenga en tiempo real, desplegar las unidades en tiempo oportuno y neutralizar los objetivos adquiridos con la mayor precisión. Esto sólo puede lograrse con la participación de mentores de terceros países que se involucren en esta lucha adiestrando a las fuerzas de seguridad, transformándolas en unas fuerzas capaces de afrontar las amenazas actuales.

Desde la intensificación de las acciones de Boko Haram en 2011, las fuerzas armadas nigerianas, mal entrenadas, pobremente equipadas y sobrepasadas por una amenaza sin precedentes hasta el momento para ellas, han sido responsables de abusos y un uso desproporcionado de la fuerza. Esto ha hecho que las relaciones con aquellos países involucrados en la ayuda a Nigeria no siempre hayan sido fluidas. No obstante, cuanto mejor adiestradas y equipadas estén las fuerzas de seguridad, menos casos de abusos se presentarán, como queda constatado por los hechos.

- 	Apoyo a los desplazados y a las víctimas:

Las acciones de Boko Haram han provocado el desplazamiento de más de tres millones de personas en la región del lago Chad, la mayoría de estos dentro de Nigeria. Pero también son significativas las cifras en Camerún y Níger. Sólo una pequeña parte vive en campos construidos por el gobierno; el resto lo hace en campamentos establecidos improvisadamente o acogidos en otras comunidades. Pero unos y otros, mientras la situación de violencia e inseguridad persistan, necesitan ayuda. La malnutrición infantil es una lacra permanente en los campos, provocando cifras de mortalidad alarmantes.

La esperanza de retorno a sus lugares de origen es casi inexistente, bien sea porque sus aldeas o pueblos han sido sencillamente destruidas o por el miedo a volver a ser atacados.

La comunidad internacional junto con los gobiernos de los países afectados debe volcarse en proporcionar no solo ayuda material, sino educación a esos niños y jóvenes atrapados en un limbo de incertidumbre, pues de lo contrario, la semilla de la desesperanza, clave para que surjan grupos de este tipo, se habrá sembrado de nuevo en un círculo vicioso sin fin.

- 	Mejorar la comunicación estratégica y la interacción con las comunidades locales:

La comunicación, intercambio de información y colaboración entre las fuerzas de seguridad y las diferentes comunidades es de vital importancia frente a la amenaza asimétrica que significa

Boko Haram. Crear un clima de confianza con comunidades que nunca han recibido apoyo alguno o ayuda de ningún tipo por parte del gobierno es un proceso largo, pero sentar las bases para esa confianza y avanzar en esa línea debe ser otra de las prioridades. Pero tan importante como tomar esas medidas es difundir estas, por lo que una efectiva y completa campaña INFOOPS debe diseñarse e implementarse para que todos los afectados tengan conocimiento de los avances.

• Considerar las alianzas y rivalidades entre grupos yihadistas

Es fundamental considerar a Boko Haram, no sólo dentro del contexto local, sino como un fenómeno regional e incluso global. La región del Sahel corre el riesgo de convertirse en el campo de batalla que utilicen rivales ideológicos y geopolíticos que trascienden dicha región para dirimir sus conflictos.

La rivalidad entre Al Qaeda y Daesh, chiitas y sunnitas, incluso entre Arabia Saudí e Irán, podrían ser los catalizadores que fomenten la lucha entre grupos yihadistas en la zona.

Tanto Boko Haram como otros grupos yihadistas tienen una dilatada trayectoria de oportunismo. Las disputas internas sobre ideología, estrategia, liderazgo dentro de cada grupo y entre ellos, así como la lucha por la primacía, los recursos humanos y las fuentes de financiación, han provocado un continuo cambio de alianzas, uniones y rivalidades entre ellos.

La competencia entre Al Qaeda y el Daesh ha llevado en los últimos años los niveles de esa lucha entre grupos yihadistas a cotas muy elevadas. Desde el juramento de fidelidad de Boko Haram al Daesh, los grupos afiliados a Al Qaeda como AQMI, MUJAO, al Mourabitoum, etc han redoblado su actividad en un intento de ganar notoriedad y recuperar la prevalencia sobre Boko Haram. Esta competencia ha resultado trágica en términos de acciones violentas y número de víctimas. Y a pesar de que ha derivado en acciones directas por parte de Boko Haram como grupo de inspiración sunní contra la mayor organización chiita de Nigeria, el Movimiento Islámico de Nigeria (IMN) y las complejas dinámicas ya reseñadas, podrían derivar en un escenario más preocupante aún si cabe y resultar en una amenaza incluso más grave para la estabilidad en toda la región que afectaría seriamente a Europa.

Este escenario no es otro que la colaboración o cooperación entre todos los grupos que actúan en el Sahel, algo que a priori puede parecer un imposible, si se tiene en cuenta la situación actual del extremismo islamista y las complejas dinámicas que hemos mencionado, y añadimos el interés común de todos los grupos en mantener el control de una zona por la que pasan todos los tráficos ilícitos que desembocan en Europa con el beneficio que ello supone, entonces comienza a parecer una situación más que factible.

Para valorar esta posibilidad hay que tener en cuenta la especial idiosincrasia de los grupos que tradicionalmente han actuado en dicho contexto. No importa a que imagen o motivación recurran para justificar sus acciones y "venderse" de cara a su "público". Si ahondamos un poco, siempre en todos encontramos un denominador común: el control de las rutas de tráfico de drogas, armas y seres humanos. Evidentemente hay alguna excepción, pero son las menos.

 Si nos detenemos en el Daesh, con la pérdida del control del territorio en Siria e Irak, ha perdido la mayor parte de sus fuentes de financiación, y lo convulso de la situación en Libia no le permite asentarse del mismo modo en que lo hizo en los dos países mencionados, por lo que su mejor opción para subsistir y volver a obtener recursos de todo tipo es adentrarse en el Sahel, territorio controlado en su mayor parte por AQMI. Siendo pragmáticos, una lucha no le conviene a ninguna de las dos facciones, y en cambio, si no la unión, la colaboración beneficiaría a ambos.

No obstante, es cuestión de tiempo la irrupción de un líder que vea más claramente los beneficios que esa unión de facto les reportaría. De tal modo que al igual que en su día las diferentes bandas de narcotraficantes, primero en Colombia y después en Méjico se organizaron y unieron en "cárteles" bajo una sola dirección, los grupos yihadistas del Sahel tomen su ejemplo y se unan en una suerte de "cooperativa" o "cártel" islamista. Todo es cuestión de que la persona con el ascendiente adecuado lo vea con claridad.

Si se permite que eso suceda entonces la amenaza a Europa será mucho más grave de lo que ya lo es.

Conclusión

Hemos de desterrar la idea de una victoria rápida y decisiva en la larga lucha contra Boko Haram.

Su evolución hasta convertirse en un grupo violento radical es el resultado de un complejo entramado de dinámicas socioeconómicas y políticas en Nigeria, así como de la colaboración y apoyo de factores externos, particularmente sus lazos con otros grupos que operan en la zona del Sahel, principalmente en los aspectos ideológicos y apoyo logístico.

El resurgimiento del grupo en 2010 significó el inicio de una espiral de violencia muy significativa, llevando a cabo todo tipo de acciones a cuál más brutal, tanto en Nigeria como en los países vecinos. Pero a pesar de los progresos alcanzados por las fuerzas de seguridad nigerianas, que han sido capaces de desalojar al grupo de alguna de sus plazas fuertes, éste aun ha sido capaz de llevar a cabo acciones exitosas, debido a su carácter transnacional, Boko Haram significa una seria amenaza no solo para Nigeria, sino para toda la región y para la comunidad internacional, pues su capacidad es aún muy alta, sus miembros muy numerosos y su grado de adiestramiento y radicalización muy significativo. Y ello significa que puede desestabilizar una zona fundamental en clave geoestratégica para Europa y especialmente para España.

Hasta el momento, y salvo algunos avances puntuales o momentáneos, la lucha contra Boko Haram no ha dado los frutos deseados, y no se puede decir que su fin esté cerca.

El fracaso de todas las acciones llevadas a cabo hasta el momento puede explicarse por:

- Una patente falta de información/inteligencia sobre las actividades del Boko Haram, debido fundamentalmente a unos servicios de inteligencia poco formados y peor equipados.

- La politización del discurso sobre el extremismo violento y sus causas, lo cual hace que los líderes musulmanes y cristianos del noreste tengan serias diferencias sobre cómo afrontar el problema. Lo que domina el discurso a nivel nacional sobre la forma de actuar es precisamente eso, la falta de unidad.

- La violación de los derechos humanos por parte de unas fuerzas de seguridad que no distinguen en muchas ocasiones entre combatientes y civiles inocentes, fruto de su falta de preparación, formación y por supuesto de la enorme tensión a la que se ven expuestos sus miembros.

- La falta de implementación de medidas no coercitivas en el plano social, económico, político y de desarrollo.

A la hora de hacer frente a esta amenaza hay que tener en cuenta varios factores para que la respuesta sea verdaderamente efectiva:

- Las acciones en el campo de la seguridad, para que sean eficaces, deben estar perfectamente articuladas, coordinadas y medidas.

- Las políticas que se llevan a cabo en la región deben cambiar radicalmente, alcanzándose una plena cooperación entre la administración federal y del estado, en lugar de actuar la una contra la otra, definiendo una agenda precisa con las acciones que han de llevarse a cabo para corregir las graves deficiencias existentes. Al tiempo, esas medidas deben ser difundidas y publicitadas de tal modo que la población sea consciente de esa colaboración y pueda constatar cada pequeño paso que se de en la buena dirección. El objetivo debe ser ofrecer esperanza a aquellos que actualmente ven como única salida enrolarse en Boko Haram no sólo porque es el "único trabajo" al que se puede optar, sino porque es el único referente de protección y desarrollo que existe en la zona

- Todas las acciones que se lleven a cabo, pero especialmente en el campo policial o militar deben enfocarse como contrainsurgencia, evitando ofrecer la imagen de una guerra contra una etnia o religión determinada, pues esa será la herramienta que usará Boko Haram para lograr apoyos, nuevos miembros y colaboración de todo tipo de otros grupos yihadistas. No hay mayor banderín de enganche que el victimismo, y esa es una de las partes de la ecuación que hay que controlar si se quiere tener éxito.

-        La implementación de medidas de prevención contra la radicalización es otro factor fundamental. Para ello es crucial entender las raíces de este fenómeno en Nigeria. Hay que identificar los factores diferenciales con otras zonas para aplicar las medidas adecuadas. Si bien es cierto que hay unos factores comunes en todo proceso de radicalización, también lo es que este fenómeno presenta diferencias o rasgos diferenciales propios de cada lugar en el que aflora. Saber definir esos factores es clave.

En definitiva, hay que tratar de ver el problema a través de los ojos de Boko Haram y de sus miembros, conocer sus motivaciones y construir una "contra narrativa", no sólo en el campo de los hechos, sino ideológica que desmovilice a sus integrantes. Hay que tener presente que la ideología radical en sí misma no supone ningún problema, pero se convierte en una amenaza cuando ciudadanos, residentes o grupos organizados abogan por el uso de la violencia o la usan para imponer su visión política, su ideología o su religión. Cada actuación en el campo político, militar, de desarrollo, etc., tiene que estar reflejada en una minuciosa campaña de lo que llamamos INFOOPS para darles la apropiada visibilidad y contribuir al objetivo común. Actuar en los diferentes campos de modo aislado condena cada iniciativa al fracaso desde su inicio, y contribuye a la continuidad del caos en el noreste de Nigeria.

Bibliografía

ADEWUNMI James. "THE NATURE OF NIGERIA´S BOKO HARAM WAR 2010-2015: A STRONG ANALYSIS". Perspectives on Terrorism Vol 10, Issue 1. Feb 2016.

URKO DEL CAMPO Arnaudas. "BOKO HARAM Y LA PROLIFERACIÓN DEL ISLAMISMO YIHADISTA EN NIGERIA COMO AMENAZA PARA LA SEGURIDAD EN EL SAHEL". Campus Internacional para la Seguridad y la Defensa.

Dr. NIVEDITA Ray. "GROWING THREAT OF TERRORISM IN AFRICA: THE CASE OF BOKO HARAM". Indian Council of World Affairs Feb 2016.

Jennifer G. COOLE Jennifer, "BOKO HARAM: THE ISLAMIST INSURGENCY IN WEST AFRICA". Center for Strategic and International Studies (CSIS) Feb 2016.

FIN

Lucas F. Martín Serrano

Málaga, 20 de diciembre de 2022